S 277

1035

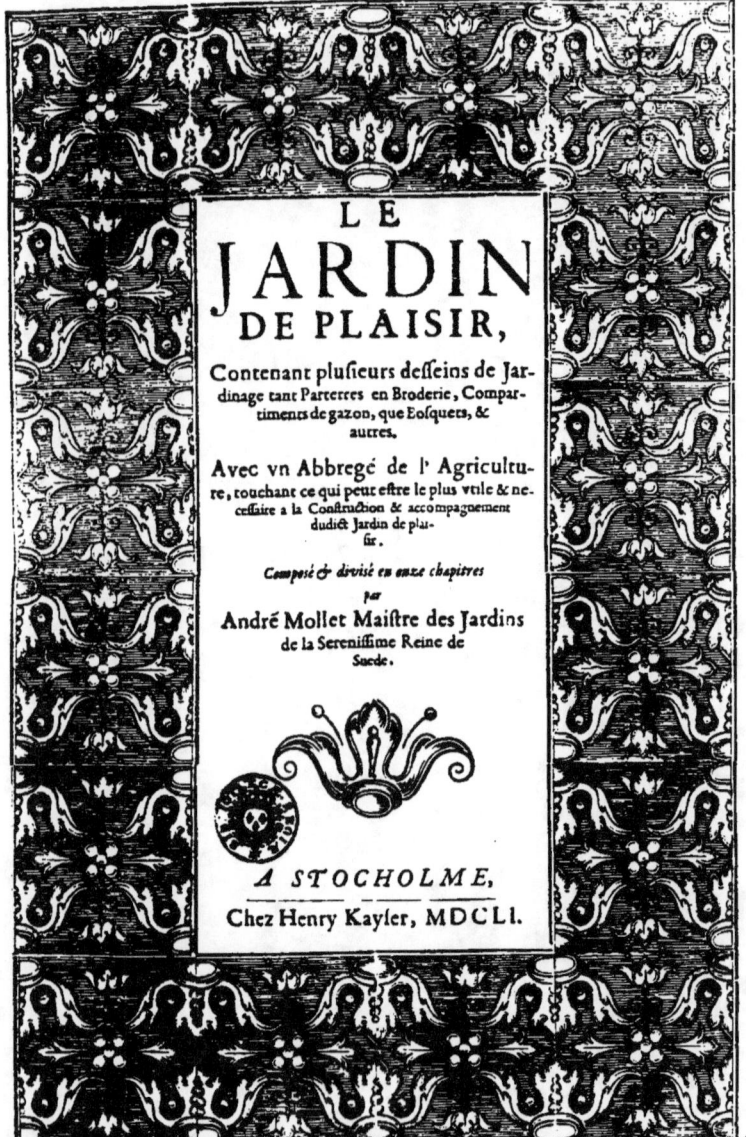

LE JARDIN DE PLAISIR,

Contenant plusieurs desseins de Jardinage tant Parterres en Broderie, Compartiments de gazon, que Bosquets, & autres.

Avec vn Abbregé de l'Agriculture, touchant ce qui peut estre le plus vtile & necessaire a la Construction & accompagnement dudict Jardin de plaisir.

Composé & divisé en onze chapitres par
André Mollet Maistre des Jardins de la Serenissime Reine de Suede.

A STOCHOLME,
Chez Henry Kayser, MDCLI.

A la Reine

MADAME,

Vostre Maiesté estant doueë de tant de sagesse & rares cognoissances, extraordinaires a vostre sexe & aage, donne lieu a vn chacun de s'efforcer a produire, & vous presenter quelque chose de son art hors le commun, estant juste que ce qui se treuve le plus accomply dans les Inventions des hommes soit offert a vne Reine, qui est tenuë dans le monde pour vn modele de perfection : Aussy a Elle attiré a son service vne partie des plus Expers Artistes de l'Europe, lesquels s'estiment tresheureux s'ils peuvent rendre quelque service a vostre Ma.^{té} qui luy soit agreable, taschant de plus en plus de luy faire paroistre avec zele quelques fruicts de leur industrie. Et bien que ie sois vn des moindres i'ay neantmoins osé avec la permission de V: Ma.^{té} me presenter des premiers, a luy offrir quelques essays de mon petit labeur, qui consistent en plusieurs desseings de parterres, Bosquets & autres, pour l'embellissement des Iardins, accompagnez d'vn petit abregé de l'Agriculture. J'ay donc pris la hardiesse de dedier a V.re Ma.té ce petit ouvrage, estant certain, que soubs sa faveur il sera estimé & receu de plusieurs personnes de condition tant en ce pays, que des estrangers: C'est encor vne rencontre tres-favorable pour moy, qu'en ce mesme temps, auquel V.re M.té est couronneé parmy les resjouissances publiques, & les acclamations de tous ses peuples, je luy viens presenter des fleurs & des lauriers. De plus ie tiens a tresgrande faveur, qu'apres avoir esté eslevé dans vne famille attacheé au service des Rois tres Chrestiens, & serui quelques années le Roy & la Reine de la grande Bretaigne; en suite M.r le Prince d'Orenge, il ayt pleu a V.re Ma.té faire choix de ma personne, pour la servir en l'ornement de ses maisons Royales, en quoy i'essayeray de surpasser mes ouvrages precedents, employant ce que le temps & l'vsage m'ont appris, a l'embellissement de ses Iardins, priant continuellement Dieu, qu'il conserve V.re Ma.té en toute prosperité & dans la longueur d'un Regne florissant.

De V.re Ma.té

le Treshumble tresobeyssant & tresfidelle

serviteur

André Mollet.

AU LECTEUR.

Her amy, Comme il a pleu a Dieu se manifester aux hommes ainsi, que dans un miroir par les divers effects de la nature & principalement en la vegetation des plantes, & Agriculture, ou il se remarque vne infinité de merveilles incomprehensibles, tant aux arbres & fruicts, qu'a l' admirable varieté des fleurs, vertus des herbes & plantes; ce n' est donc pas sans raison, que des nos premiers peres jusques a maintenant les plus grands se sont tousjours addonnéz, & divertis a l' art d' Agriculture; comme leur estant un repos & contentement d' esprit apres s' estre par maniere de dire, lassez, & attenuez, dans les affaires du monde: Et en effect ceste solitude est si aggreable a nos sens, qu' elle nous les delasse, & rafraichit, & les rend plus propres d' agir cy apres. Ie dirai donc, puis qu' elle est si remplie de si beaux effects, ou il se peut remarquer la sagesse incomprehensible du toutpuissant, elle ne doit estre mesprisée, ny negligée, y ayant eu des Roys, & Monarques de tout Temps qui s' y sont grandement divertis; Mesme de nostre temps le Roy de France dernier d' heureuse memoire, lequel plantoit & greffoit luy mesme, & a son imitation les Princes & grands seigneurs de France y prennent encor maintenant un singulier plaisir: Ce qui faict qu' a present en France il y a de plus beaux Jardins qu' en aucun lieu du monde, quant a l' artifice que l' homme y peut apporter Car il y a des pays, comme en Italie & autres lieux du Midy, ou la nature faict & produict d' elle mesme toutes belles choses a souhait, comme Orangiers, Citronniers, Mirthes, Iasmins, & autres raretéz, lesquelles nous ne pouvons avoir en ces quartiers sans grande peine & soin de les conserver contre les rigueurs de l' hyver: Et c' est en quoy le Jardinier sera plus a estimer, quand par son industrie il pourra eslever & conserver telles choses aux climats froids & pays du Nord, desquelles choses nous
traitte-

traitterons en son lieu en ce petit traité, comme aussi en bref de ce qui depend du Jardin de plaisir, suivant ce que i' en ay appris & prattiqué en travaillant, tant en France, Angleterre que Hollande, ou j' ay eu l' honneur de servir les Roys & Princes, & estant maintenant au service d' une si auguste Princesse, que Sa Majesté de Svede, je me suis efforcé a faire mon mieux pour donner quelque Intelligence aux Jardiniers & Curieux. Les desseings sont touts de mon Invention & desseignéz de ma main, lesquels j' ay mis en grand volume pour estre plus intelligibles & concevables a executer sur terre : Quant au discours, je ne m'y suis pas amplement estendu, mon intention n' estant pas de traitter que de ce qui est le plus utile au Jardin de plaisir : De plus n' ayant demeuré que six mois tant aux desseings qu' au discours, je prie le lecteur d' excuser ma brieveté, le renvoyant a plusieurs bons Autheurs, qui ont cy devant amplement traicté de l' Agriculture. Et comme mon Pere i' est acquis par Experience & travail la qualité de premier Iardinier de France, ayant eu l' honneur de servir trois Rois, nommément le Roy Henry le Grand, & le Roy Louys treiziesme d' heureuse memoire, puis est mort au service du Roy d' a present i' ay desiré mettre icy son pourtraict en sa memoire. Qu' il te plaise donc cher amy recevoir ce mien petit labeur d' aussi bon cœur, comme je te le presente puis que mon Intention n' est, que de rendre quelque service au public.

Ie prie Dieu qu' il te soit propice.

EXTRAICT DU PRIVILEGE.

Ous Christine par la grace de Dieu Reine de Suede &c. A tous ceux qui ces presentes lettres verront salut. Honorable & industrieuse personne André Mollet Maistre de nos Jardins s'estant proposé de faire imprimer vn traicté qu'il a faict en trois langves, sçavoir Suedoise, Allemande & Françoise de la culture, vtilité, plaisir & ornement des Jardins, intitulé le Jardin de plaisir, & desirant sur ce nos lettres necessaires. Nous avons permis, & permettons par ces presentes signées de nostre main, qu'il puisse faire, & fasse imprimer, vendre, & distribuer led.t livre appellé le Jardin de plaisir, cependant & durant le terme de dix ans a conter du Jour & datte que led.t livre sera achevé d'imprimer; faisant pour cet effect tresexpresses Inhibitions & deffences a tous Libraires & Imprimeurs ou autres de quelle qualité & condition qu'ils soyent de nostre Royaume, pays & terres de nostre obeyssance d'imprimer ou faire imprimer led.t livre, ou d'en apporter ou faire amener de dehors soubs noms interpolez pour les vendre & debiter en nos Royaumes sans la permission dud.t Mollet ou de ses heritiers, sur peine de 400. Dal. d'argent d'amende, applicable moitié a nostre chambre de Contes, & moitié aud.t suppliant, sans aucune diminution, & despens, dommages, & Interests, & de Confiscation de tous les Exemplaires, qui se trouveront estre mis en vente, ou autrement contre la teneur de ces presentes. Car tel est nostre plaisir, Donné a Stokholme le 12 Mars 1651.

CHAPITRE I.

De la diuersité des terroirs, comme ils se pourront reconnoistre ou bons, ou mauuais, aussi de leurs amendemens, & de la qualité des fumiers.

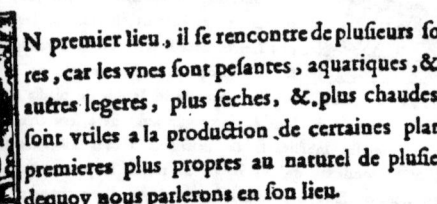

N premier lieu, il se rencontre de plusieurs sortes de terres, car les vnes sont pesantes, aquatiques, & froides, les autres legeres, plus seches, & plus chaudes; celles-cy sont vtiles a la production de certaines plantes, & les premieres plus propres au naturel de plusieurs autres, dequoy nous parlerons en son lieu.

Mais auparauant venons a la connoissance du terroir auquel nous ferons election de construire vn iardin; or pour reconnoistre s'il est bon, ou mauuais, il sera conuenable de creuser en diuerses places du lieu, iusqu'a la profondeur de trois ou quatre pieds, puis en tirer vne parcelle de terre, & la mettre tremper dans vn verre plein de bonne eauë, iusques a ce qu'elle soit rassise, & apres en auoir gousté, si elle a vn mauuais goust, lors il est euident que le dit terroir sera defectueux, & que tout ce qu'il produira tiendra tousiours de la nature d'iceluy. Mais comme il se rencontre ordinairement, que nous ne pouuons pas a nostre choix treuuer des places bien situees, ny conditionnees ainsi que nous les desirerions, ne nous estant pas tousiours permis (comme ondit) de tailler en plein drap, en tel cas nous y pourrons remedier en cette sorte.

Premierement, soit le dit lieu labouré par tranchees de trois, ou quatre pieds de profond, mettant tousiours la terre de dessus au fond, & celle du fond au dessus y meslant force fumier assaisonné, comme il est dit cy-apres,

A   or

or le dit labeur, & melioration se doit faire en automne afin que l' Hyuer le purifie, comme aussi au Printemps derechef en bien meslant & retournant la ditte terre, & fumiers ensemble pour mieux incorporer l' air auec icelle, par ce moyen elle seratant plus facile a produire, & receuoir ce qui luy sera offert.

Ce cult ne se doit espargner tant en l' vne, qu' en l' autre terre, pour estre plus certain d' auoir vn bon iardin; quoy que pour l' espargne, il n' est du tout besoin de labourer la bonne terre plus d' vn bon pied & demy de creux: & est a noter qu' en tous lieux ou l' on desire faire iardin, il faut qu' il y ayt pour le moins deux pieds de bonne terre, c' est a dire franche d' argille, glaize, tuf, & roche, autrement ce seroit trauailler en vain. Mais en cas qu'il se treuuast du dit tuf a la profondeur de deux pieds ou enuiron, dans le lieu, ou le Jardinier fust neantmoins contraint de planter arbres, ou Palissades, qu'il face des bonnes tranchees de huict, ou dix pieds de large, & la moitié de profond, puis a la place du dit tuf y apporter de la bonne terre, laquelle il pourra prendre en la superficie des alleës, au lieu de laquelle il y remplacera le tuf des rigoles, ou tranchees sus-dites, ce qui sera propre pour faciliter la promenade dans les dites allees.

Nous remarquerons la meilleure terre par sa noirceur estant sablonneuse; dautant qu' elle est douce, humide au fond, & chaude au dessus, qui sont les qualitez requises pour la production des plantes, tant arbres, herbes, fleurs, que legumes, & generalement de toute sorte des choses. Pareillement la terre souuent remuee, & transportee d' vn lieu a l' autre, fait des grands effets pour la production sus-dite, comme aussi les vidanges, & curages des fossez, & estangs: la raison est que les dites terres ne sont iamais de corps, ains demeurent continuellement euaporeuses, & humides au fond; ce qui fait croistre a force les racines auec quantité de cheuelures, d' ou les arbres tirent facilement toute leur substance, & nourriture.

En apres est necessaire que le jardinier face bonne prouision de fumier, pour engraisser, & meliorer la terre; car le fumier bien assaisonné, & meslé deuëment auec la terre, est ce qui luy donne force, & humeur pour la propagation des plantes; dont le meilleur pour cet effect est celuy de boeuf & vache, dautant qu' il a la proprieté d' eschauffer la terre trop aquatique, & froide: & au contraire rafraischit celle qui est trop chaude,

chaude, & graueleufe. Ioint que le fumier de cheual produit, & engendre beaucoup de vermines, qui endommagent, & fouuent deftruifent la plus grande partie de ce que l'on a bien pris de la peine a esleuer dans les iardins : Toutesfois au defaut du fumier de vache, on se peut seruir de celuy de cheual, l'ayant apprefté comme il faut, a sçauoir ; en l'amaffant en quelque lieu bas ou l'eauë se puiffe arrefter pour l'engraiffer: car autrement il se treuueroit trop sec, & bruslant, ce qui n'est propre qu'en cas que l'on s'en voulut seruir a faire des couches pour les melons, & autres telles choses, qui ont besoin de chaleur au printemps, dequoy nous parlerons en son lieu.

Pour doncques rendre le dit fumier propre a amender les terres d'vn iardin, il faut le laiffer vn Hyuer ou deux s'affaifonner, & pourrir au dit lieu bas, & aquatique, en apres il sera moins abondant en vermines, & plus remply d'humeurs pour noftre vfage. Quant aux autres fumiers, celuy de pigeons eft fort bon pour les Orangers, vn peu meflé auec de la fiente de daim, cerf, ou mouton, eftant affaifonné, comme il sera dit au Chapitre des Orangers. Mais quant aux fumiers de porcs, & matieres fecalles, ils font plus-toft nuifibles, & dommageables, qu' vtiles, c'est pourquoy le Jardinier ne s'en seruira en aucune façon que ce soit. La meilleure saifon pour fumer les terres eft (comme nous auons dit) en Automne, parce que l'Hyuer confume, & conuertit le fumier en terre l'incorporant auec icelle.

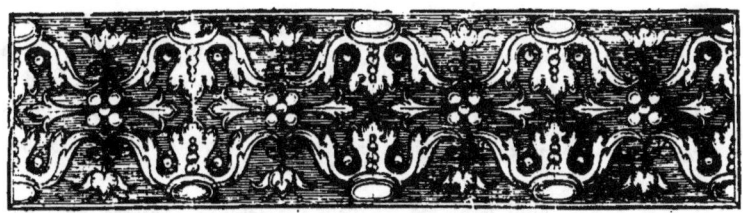

Chapitre II.

De la Pepiniere.

Pres le naturel des terres, & de leurs amendemens, suit la pepiniere, pour esleuer de toutes sortes, & especes d'arbres; pour lequel effect faut choisir vn lieu a part assez bas, & voisin de l'eaué, en vne partie duquel, apres auoir cultiué, & accommodé la terre, (comme dit est au Chapitre precedent) on fera quelques planches de quatre, a cincq pieds de large, & longues a discretion; puis on semera en quelqu' vnes d' icelles les pepins de poirier a part, comme aussi de pommier, & coignacier separement, dans des petits rayons faits proprement, & en droicte ligne de demy pied d' espace l' vn de l' autre; dans lesquels on semera les dits pepins, non trop drus, ny trop auant : & dans les autres planches, ou licts on semera en mesme façon les petits noyaux, comme de cerise, & prune; mais quant aux gros noyaux, ils se doiuent planter; comme ceux d' abricot, peche, & amande.

Plusieurs sont en doute en quel sens, & par quel bout on doit planter les dits noyaux, mais cela est plus curieux qu' vtil; car il est euident qu' en telle façon qu' ils soient mis en terre, la corruption en estant faicte, & le germe estant formé, l' air attire tousiours iceluy en haut. Les plus recens que peuuent estre tant les pepins, que noyaux pour les mettre en terre, est le meilleur, & s' ils ne sont tels, sera tres a propos de les mettre vn peu tremper, ou bien mettre les dits noyaux dans du sable frais pour les amollir, puis les planter ou l' on voudra, & si l' on en a des rares, les planter dans des pots ou quaisses. Toutes ces deux operations se doiuent faire en nouuelle Lune.

L' an-

L'annee suiuante il faut transplanter les ieunes arbres, qu'auront produit les dits noyaux, & pepins auec ordre, & en droite ligne, comme par petites alleës d'enuiron quatre pieds de large, & a vn pied de distance l'vn de l'autre, afin que l'on le puisse labourer, & émonder comme il appartient; & enuiron la douziesme annee d'apres ils se pourront greffer.

On se peut aussi seruir de reiettons des racines d'arbres pour faire pepiniere; mais est a noter que leur racines ne seront iamais si cheuelües, ny si bonnes, que les precedentes.

CHAPITRE III.

Des Arbres fruictiers.

Oila en bref quant a la pepiniere; reste a considerer comme il faut planter, greffer & tailler toutes sortes d'arbres fruictiers, dont nous en remarquerons de deux sortes en general, sçauoir hauts, ou grands, que nous appellons arbres de marque, lesquels se doiuent planter en plain champ, ou terrain; & l'autre espece se nomme arbres nains, comme ne croissans pas plus hauts que dix a douze pieds: Ceux-cy sont propres a mettre en expaillier, c'est a dire contre les murs en forme de palissade, & a l'abry des vents du Nord; mais exposéz au soleil du Midy le plus qu'il est possible; & c'est la maniere qu'il nous faudra tenir en ces pays froids, & quartiers du Nord, pour le regard des arbres delicats, comme Bon-Chrestien Bargamotte, Messire Jean, Abricots, Peches, Cerises precoces, ou hastiues, & plusieurs autres.

Le Bon-Chrestien est distingué en deux especes particulieres, sçauoir d'Hyuer, & d'Esté: celuy d'Hyuer est le plus excellent, & se garde tout l' Hyuer eſtant cueilly en ſaiſon conuenable; mais celuy d' Eſté né ſe garde pas, & deuient ordinairement verreux. C' eſt vn arbre fort domeſtique, & qui ſe plait aux enuirons des maiſons, & dans les courts; celuy cy pourra facilement meurir en ces pays froids, mais a peine celuy d' hyuer, a moins que l' annee ne ſoit treſfauorable, dautant que c' eſt vn fruict qui veut demeurer des derniers ſur l' arbre, & eſtant cueilly trop toſt ſe fene, & demeure ſans ſaueur, ny aucun gouſt.

La Bargamotte ſe rencontre pareillement d' Eſté, & d' Hyuer, & ainſi que le bon-Chreſtien: Celle d' Hyuer eſt beaucoup plus excellente, & groſſe que celle d' Eſté, auſſi ſera-elle beaucoup plus difficile a faire meurir en ces quartiers du Nord; toutesfois moins que le bon-Chreſtien, comme eſtant vn peu plus haſtiue. Mais tant le dit bon-Chreſtien que Bargamotte d' Hyuer ne pourront reüſſir icy a moins qu' ils ne ſoient plantez en eſpailler, afin de les pouuoir abrier, & couurir au printemps eſtant en fleur, d' autant qu' en ce temps la il vient quelquesfois des gelees aſſez fortes, & des vents du Nord qui gaſtent tout. C' eſt pourquoy auant que paſſer plus oultre nous donnerons quelque intelligence touchant l' eſpailler.

Nous nous ſeruirons donc en ces contrees Nordennes de l' eſpailler, pour planter nos meilleurs, & plus delicats fruictiers, tant a pepin, qu' a noyau; & ce par le moyen de bonnes trenchees de ſix pieds de large, & quatre de profond, le long du mur deſtiné a faire eſpailler, & l' ayant melioré (comme il a eſté dit au Chapitre premier) nous y planterons nos dits arbres nains d' enuiron deux toiſes en deux toiſes, qui ſont enuiron ſix aulnes de Suede, ou douze pieds, & le plus eſleué que nous pourrons, en faiſant vn petit talluë le long du dit mur: & en plantant les dits arbres, il faut bien prendre garde que la racine ne ſoit poſée ſur le fumier, ny entourée de mottes, ou pierres, ains de la terre bien menuë, & deliée autour d' icelle racine; pareillement qu' elle ne ſoit contrainte, froiſſée, ny eſclatée, tant en la taillant, qu' en la plantant; puis les arrouſer ſouuent la premiere annee.

Quant a la coupe, & taille des dits arbres; premierement la racine ſe coupe en deſſous en tirant la main qui coupe vers ſoy, ſans l' écorcher, ny rompre; & ſi d' aduenture il ſe rencontre des dictes racines rompuës, ou eſclatees, il les faut couper proprement. Pour la taille des branches,

branches, il fera plus expedient de les laisser iusqu' au Printemps, si les arbres sont plantez en Automne, craignant de les trop alterer. Mais s' ils sont plantez au Printemps, il les faut couper auſſi toſt, & le plus court que faire ſe pourra: dautant que l' arbre eſtant prés coupé, la ſeue a plus de force a pouſſer ſon humeur, & l' arbre en vient plus beau, & abonde dautant plus en fruict. Cette taille ſe doit faire au declin de la Lune, & ainſi generalement de toutes ſortes d' arbres fruictiers, & autres. Il eſt a remarquer que pour auoir des bons poiriers nains, & qui rapportent fruicts en abondance, il faut qu' ils ſoient greffez ſur coignaciers; mais quant aux grands, & de marque, ils ſe greffent ſur leur meſmes eſpeces.

Il y a vn grand nombre de ſortes de poiriers, comme Meſſire Jean, Amadote, Bezidhery, Rouſſelet, Muſcat, Orange, ëauroſe, Vallee, certeau, & autres tant d' Eſté, que d' Hyuer, & a manger cru, que cuittes, deſquelles ie ne feray mention n' en ſcachant pas les noms en autre langue que françoiſe: c' eſt pourquoy nous parlerons maintenant du pommier.

Le pommier ſe plante fort rarement en expailler, ains en plaine terre dans les vergers, comme eſtant plus robuſte, que le poirier. Ils doiuent eſtre plantez a grand eſpace l' vn de l' autre, a cauſe qu' ils croiſſent fort larges, & ſpacieux en leurs branches. Toutesfois par curioſité il s' en peut planter en expailler: mais il faut qu' iceux ſoient greffez ſur pommiers nains, que nous appellons en France de paradis, leſquels abondent ordinairement en fruict. Les meilleures eſpeces de pommes ſont, la Reinette, Courpendu, & la Caluille. Il s' en rencontre d' vne infinie quantité d' eſpeces, auſſi bien que des poiriers, deſquels nous ne ferons mention pour la raiſon ſuſ-dite.

Le Coignacier eſt vn troiziesme fruict a pepin, & tres excellent a confire; mais pour en auoir du fruict en maturité, il les faut planter auſſi en expaillers; & a grand' peine encore pourra-il meurir en ces quartiers, demandant a cette fin beaucoup plus de temps que le Bon-chreſtien d' Hyuer. Il nous ſera neantmoins tres vtil d' en faire bonne prouiſion pour greffer les poiriers nains: ce qui eſt aſſez facile, comme eſtant vn arbre prompt a reprendre, & fort robuſte aux injures du temps. Il ſe plait plus qu' aucuns dans vne terre forte, graſſe, & aquatique; comme auſſi fait le pommier, & poirier: mais les fruicts a noyau au contraire ſe plaiſent dans vne terre ſablonneuſe & chaude.

Mainte-

Maintenant quant aux dits fruicts a noyau, le prunier est tresexcellent tant a manger crud, que confit. Il se peut planter en vergers, & en expailler: Toutesfois les plus exquis se doiuent planter en expailler, comme Le Perdrigon, gros damas noir, & violet, Imperialle, & Dacte: & comme ils ne sont si delicats que les Abricotiers, pechers & autres arbres, ils se pourront planter en moindre aspect, moiennant qu'ils ne soient du tout exposez au Nord, reseruant le meilleur aspect pour les autres. Les Pommiers nains se peuuent aussi planter en expailler, & au mesme aspect que les Pruniers, mais il est tresbon que les Poiriers, Pommiers, & Pruniers soient tous plantez separement; quant aux Abricotiers, Pechers, & Cerisiers, ils se peuuent entremesler par ordre.

Pour l'Abricotier, & Pecher ils croissent assez promptement, mais aussi sont ils moins de dureë, & fort suiets aux injures du temps: Partant ils requierent encor plus de soing que les autres, les plantant en expailler, bien a l'abry des vents du Nord: & comme ils sont hastifs, & des premiers en fleur, il les faudra couurir au printemps, lors qu'il y aura apparence de geleë, par le moyen de paillassons faits a la propice, pour les mettre dessus proprement, & bien attachez contre le mur sans qu'ils puissent endommager les boutons, ou fleurs.

Les sus-dits arbres nains se peuuent aussi curieusement planter dans des quaisses: car par ce moyen on les pourra conseruer dans la serre comme les Orangers, & les transplanter de lieu a autre au beau temps; mesmes jusques dans les salles aux banquets, & festins, ou l'on pourra prendre plaisir de cueillir le fruict de dessus les dits arbres.

Mais pour reuenir aux especes de nos arbres fruictiers, nous dirons que l'Abricotier est seul en son espece, sinon qu'il s'en rencontre de meilleure, & plus belle l'vne que l'autre. Il se greffe sur le prunier de gros damas blanc, ou de S. Julien; & est encor meilleur a greffer sur son propre sauuageon.

La Peche se treuue de diuerses especes, comme peche commune, Auant-peche, Peche de Troye, Pauie blanche, & iaune, Mellicottons, & Bruignons; & toutes generallement se peuuent greffer sur le prunier de S. Julien, & Amande douce. Toutes ces sortes de peches, comme aussi l'Abricotier croissent abondamment, & fort viste, c'est pourquoy il les faut tailler tous les ans plus qu'aucun autre arbre, obseruant de tousiours laisser les branches plus abondantes en boutons a fruict; ce qui se peut aisement aisément remarquer sur les dits arbres. Quant aux iets, & scions qui paroissent les plus vigoureux, & plains de seue; ce sont ordinairement ceux qui n'ont aucuns boutons a fleur, & lesquels neantmoins tirent la meilleure substance de l'arbre: on les peut a bon droit nommer branches bastardes, dautant qu'elles attirent a elles la bonne nourriture des legitimes. Difficilement pourra-on faire reüssir en ces quartiers du Nord les dites sortes de Peches, si ce n'est les hastiues, comme Auant-peches & Peches de Troye; quant aux tardiues ce seroit perdre le temps. Il est a noter qu'il ne faut attendre plus d'vn an ou enuiron apres leur greffes pour les replanter: autrement ils seroient trop gros, & a demy passes, auant que d'estre repris, comme estans de peu de durée.

Le Cerisier est vn arbre qui se plante en verger, & se plait en terre sablonneuse: il y en a des hastifs, & tardifs, comme aussi des nains pour planter en espailler. Nous nommons ceux-cy precoces, a cause que les cerises sont meures des premieres. Mais si l'on desire auoir vne belle Cerisaye, il faut choisir vne terre (comme nous auons dit) laquelle soit sablonneuse, & apres auoir fait des trous de deux toises en deux toises, ameliorez auec de bon terreau, y planter des Merisiers, c'est a dire, Guiniers sauuages de la grosseur de trois a quatre poulces de tour: puis la deuziesme annee d'apres les greffer de toutes les meilleures especes qui se pourront rencontrer. La raison pourquoy le Merisier est meilleur a greffer que le Cerisier, est qu'il ne iette pas du pied comme le Cerisier. Les Griotiers, Bigarreautiers, & Guiniers se doiuent planter, & greffer comme les Cerisiers, auec cette difference qu'il les faut planter a part ou autour de la dite Cerisaye, en mesme allignement que les Cerisiers, a cause qu'ils croissent plus grands, & plus forts.

Le Meurier est de deux especes, sçauoir blanc, & noir; Le blanc ne sert qu'aux vers a soye; mais le noir rapporte de bon, & sain fruict a manger sur la fin de l'Esté. Il se greffe sur le blanc en mesme maniere que les autres arbres. Le froid luy fait couler son fruict, s'il n'en est bien mis a l'abry, c'est pourquoy il en faut bien auoir du soin en ces quartiers froids: & pour ce subiet on en peut planter en espailler; autrement il ne produira que des feuilles.

Le Noyer est vn arbre qui vient fort grand, & spacieux; mais il est enemy de tous les autres: a raison de quoy il le faut planter a part, comme dans quelques aduenuës, & autres lieux vastes. La meilleure espece

eſpece eſt celle dont la coquille de la noix eſt tendre : il le faut planter loin a loin, comme de cincq a ſix toiſes, & ne le couper par le faiſte que lors qu'il ſera repris, ains ſeulement les racines. Sa feuille eſt de bonne odeur.

Le Neſflier eſt vn arbre ruſtique, & robuſte : Son fruict ne vaut rien, qu'il ne ſoit comme pourry, & que les gelees n'ayent donné deſſus. Il ſe greffe ſur luy meſme, ou ſur l'Eſpine blanche.

Eſt a remarquer que les dits arbres fruictiers ne ſe doiuent planter, qu'en la pleine Lune, ſi faire ſe peut : La meilleure ſaiſon eſt en Automne; par ce que durant l'Hyver la racine ſe fortifie : mais il ne faut iamais arracher vn arbre, ny le replanter que la feuille ne ſoit tombee ; ce qui n'arriue pas en ces quartiers, d'autant que l'Eſté finit toſt, & commence tard, ce qui cauſe ſouuent que la ſeve eſt encor fluante ſur les arbres, lors qu'il ſeroit a propos de les leuer auant les gelees : partant en tels lieux il ſera expedient d'attendre juſqu'au printemps ; & ſi toſt que la terre ſera degelée ne point perdre de temps a arracher, & replanter au plus viſte, auant que les arbres entrent en ſeve, ayant le ſoin de les bien arrouſer durant l'Eſté. Et lors qu'ils commenceront a pouſſer, il faut ſe donner garde d'oſter les bourgeons, (quoy qu'ils ſemblent ſuperflus) auant le mois d'Aouſt, d'autant que cela feroit retirer la ſeve, & puis remontant ſ'arreſteroit au meſme endroit pour reproduire des nouueaux iets, ou bourgeons : & ainſi l'arbre ne profiteroit, ains s'altereroit par le haut, & pourroit auorter tout a faict.

Maintenant ſ'il eſt beſoin de replanter des vieux arbres tant a fruict que ſauuages, moyennant qu'ils n'ayent plus de dix a douze ans, il faut prendre grand ſoin a les bien arracher, ſans endommager les racines, & a preparer des grands trous comme il ſera treuué conuenable a proportion de leur groſſeur, les coupant en teſte fort courts, & prenant garde de les replanter au meſme aſpect du ſoleil, qu'ils eſtoient cy devant. La meilleure ſaiſon pour cet effect eſt en Automne au commencement de Nouembre ; afin qu'ils reçoiuent en leurs racines l'humidité de l'Hyuer, puis les arrouſer en abondance.

CHA-

CHAPITRE IV.

Des diverses sortes de greffer.

Yant traitté jusques icy desterroirs, & de leur cult, comme aussi des arbres fruictiers ; reste maintenant a parler de diverses sortes de greffer, desquelles nous en remarquerons trois principales, nommement, approche, fente, & escusson : quant aux autres elles sont plus curieuses qu' vtiles ; & comme mon intention est d' estre bref en cet œuure le plus qu'il me sera possible, ie ne m'arresteray qu' aux trois sus-dites, comme estants les plus frequentes, & meilleures.

Le greffer en approche est fort commode, & prompt, comme aussi tresasseuré ; d'autant que le sauuageon reçoit la greffe sans estre coupee hors de son arbre, & se pratique en cette maniere. Lors que l'on a vn arbre d'excellent fruict, on plante plusieurs sauuageons a l'entour d'iceluy, bien droits & bien choisis ; & l'annee ensuiuante, estans bien repris, on approche quelques branches du dit arbre, en faisant incision par le haut des dits sauuageons : puis y appliquant la greffe, apres l'auoir tailleë des deux costez, ou elle sera serreë, & enfermeë du sauuageon, & l'operation estant faite comme il appartient, couurir la fente, & la greffe de cire appresseë. Mais il ne faut pas couper la dite greffe qu' a la seconde pousse, ou annee ; car autrement elle pourroit secher, n' estant encor bien reprise sur le dit sauuageon.

Le greffer en fente se fait presque en la mesme façon, hors-mis que la greffe est detacheë, & coupeë de son arbre, elle n' est pas si asseureë que la precedente : toutesfois elle n'est pas moindre, ains plus exquise ; d'autant que par icelle on peut auoir des especes de fruicts rares d'estranges pays : & partant que les greffes soient conseruées fraischement. Elles se peuuent garder vn mois, ou six sepmaines estant coupées en decours de Lune : Ceste maniere de greffer se practique en cette sorte. Premierement il faut auoir vne petite sié, auec laquelle on siera le sauuageon sans l'esclater, ny escorcher ; puis auec vne serpette bien trenchante, couper bien vniement le dessus du sauuageon sié, & l'ayant fendu sans offenser la moëlle il faut mettre dans la fente vn petit coin de bois ; ce fait, il faut auec vn autre cousteau faict expres, (que nous appellons Entoy) tailler dextrement la greffe de deux costez egallement, ou bien vn peu plus d'vn costé que de l'autre ; puis la mettre dans la dite fente enuiron deux, ou trois doigts auant, en sorte que l'escorce de la greffe face partie de la circomference de celle du sauuageon. Et soit icelle greffe coupée en sorte, qu'il ny reste que deux ou trois yeux, hors la fente du dit sauuageon : puis il y faut appliquer de la mousse autour liée auec de la pelure de bois, ou bien y appliquer de la cire proprement, ainsi l'operation sera faite. Reste seulement a remarquer que pour auoir des arbres nains, il les faut greffer fort bas, jusques contre terre. La saison pour greffer en ces deux manieres, est au printemps le plus-tost que faire se peut ; & éz jours inlunes, c'est a dire deux jours deuant la nouuelle Lune, ou deux jours apres, & par vn beau temps, & doux si faire se peut.

L'autre maniere de greffer est en escusson, laquelle est bien differente des precedentes, mais tresbelle, & vtile. Elle se pratique l'Esté éz jours inlunes, vers la seconde pousse ou seve éz mois de juillet, ou Aoust. Pour donc greffer en escusson, il conuient couper des sions ou bouts de branches des arbres, desquelles nous desirerons auoir du mesme fruict, & mettant le bout coupé dans l'eaue, afin qu'ils ne s'alterent, & senent ; puis leuant bien proprement l'œil, ou escusson en forme de lozenge par le bas, c'est a dire en pointe, se donnant garde de l'escorcher, ou esclater : & soit fait l'ouuerture en l'escorce jusques au bois du sauuageon, comme en demye croix, & dans icelle soit annexé, & ioint le dit escusson, par le moyen du bout du manche de l'entoy d'os, ou d'yuoire fait en rond, & meince, sans estre toutesfois trenchant, auec lequel on leuera doucement l'escorce des deux costez, pour y appliquer l'escusson : puis apres

soit

soit iceluy lié auec de la filasse, laquelle il faudra couper lors qu'on verra le dit escusson repris ; car la seve montant le fait enfler, comme aussi le sauuageon, & la dite filasse les serrant par trop, pourroit empescher la nourriture d'iceluy. Il ne faut pas couper le dit sauuageon plus bas que trois, a quatre poulces de l'ente, ny auparauant qu'elle soit vigoureuse, & bien reprise. Il est a noter que le dit escusson est si delicat, qu'il ne peut souffrir d'estre plus d'vn moment a l'air, & se corrompt par l'haleine de celuy qui le touche, notamment s'il l'a forte, ou puante.

Outre les trois manieres de greffer sus-dites, on en peut encor vser d'vne quatriesme que l'on nomme, en couronne, mais elle ne se practique qu'aux gros arbres, en coupant, & siant le bout des branches enuiron a vn pied du tronc, a l'entour desquelles se pourront poser quatre, ou cincq greffes tailleës d'vn costé seulement, & ce en coupant l'escorce par le bout de la dite branche, en plusieurs endroits, suiuant la grosseur d'icelle ; puis y adiuster les dites greffes, escorce contre escorce, y appliquant de la cire proprement par dessus & les liant doucement, afin qu'elles ne se laschent. Cette maniere d'operation se doit faire ez jours inlunes du mois d'Auril, ou en ces quartiers vers le mois de May.

Quant aux greffes, elles se doiuent couper au decours de la Lune de Feburier, ou Mars, liant chasque espece par paquets, puis les mettre a la caue, ou elles se conserueront jusques a ce que l'on voie le temps propre pour s'en seruir. Il faut couper des dites greffes vn poulce, ou deux de vieux bois, & les choisir tousiours sur les principales branches de l'arbre du costé de l'Orient.

CHAPITRE V.

De la Vigne.

Este encor a traitter de l'arbre, & fruict de la vigne, dont il y en a de plusieurs especes, comme blanc, & noir, muscat, bourdelay, & autres. Mais auant que de la planter, il sera bon de reconnoistre le terroir (comme nous auons dit au premier chapitre) car la vigne est encor plus prompte, & plus facile a receuoir le mauuais goust de la terre, qu'aucun autre arbre. Elle se plait en terre graueleuse, partant qu'elle soit bien amendeë, & fumeë. Elle se marquote, & prouigne facilement; comme aussi vient elle fort bien de bouture, ou tallons estans coupez au milieu du sep, & en decours de la Lune de Feburier éz pays temperez; mais en ces lieux froids en celle de Mars, les conseruant dans terre en quelque lieu ou il n'y gele pas, jusqu'a ce que les gelées soient passées; & lors on fera des seillons, ou rayons asfez profonds d'enuiron deux pieds de large, ou l'on plantera les dits tallons, ou boutures, les ayant fait tremper auparauant dans l'eauë nette; puis la troiziesme année il les faudra tailler, ne laissant que trois yeux au sep. La saison pour la dicte taille est en decours de la Lune de Feburier, ou Mars en ces quartiers, auant qu'elle monte en seve.

La vigne se peut aussi greffer en la mesme maniere, que les autres arbres fruictiers, sçauoir en fente, ou approche, pourueu que ce soit tousjours le plus bas que faire se pourra, quant a la fente; Mais par le moyen de l'approche, le curieux pourra faire qu'vn mesme sep de vigne porte de deux especes de raisin, sçauoir blanc, & noir, en plantant

proche

proche l' vne de l' autre les deux differentes especes : puis l' annee d' apres estants bien reprises, les ioindre, & incorporer ensemble, y appliquant de la cire par dessus, & deux ans apres on aura le dit raisin de deux especes sur vn mesme sep, & mesme grappe.

Quant aux pays froids, la vigne ne peut subsister a moins que d' estre en expailler, & bien exposeë au soleil de Midy, a l' abry des vents du Nord; puis la couurir de paillassons, quand il sera besoin : & comme l' Hyver est extremement rude en ces quartiers du Nord, il est bon durant iceluy de l' enuelopper de paille, & la coucher dans terre : Puis les grandes gelées estants passeës, la releuer, & la tailler fort pres, ne luy laissant que quatre, a cincq doigts de nouueau bois, & en la saison sus-ditte.

CHAPITRE VI.

Des racines, & herbages.

Pres auoir briefuement traité des terroirs, & arbres fruictiers, nous parlerons maintenant des racines, & herbages du jardin potager : pour lequel construire, il faut choisir quelque lieu vn peu frais, & humide, & y faire porter quantité de fumiers; puis apres auoir esté labouré comme il appartient, le disposer par quarrez, ainsi qu' il se treuuera conuenable, dans lesquels se feront diuerses planches, pour y semer, & planter, suiuant les temps & saisons, de chasque espece, ainsi qu' il s' ensuit. Mais auparauant il faut remarquer que les prairies sont plus propres a faire jardin de cuisine, qu' aucun autre terroir, pourueu qu' elles soient exempteës de l' eau : car en leur donnant vn bon labeur par trencheës, & mettant au fond d' icelles le gazon, puis la terre par dessus, il leur faudra moins de fumier ; le dit gazon les rendant tant plus fertiles, & plus propres a produire toutes sortes de plantes.

Con-

Considerons maintenant en quel temps se seme, & replante les legumes, & herbages les plus vtiles au iardin de cuisine. Premierement l' oignon se seme au decours de la Lune d' Aoust, & se replante au decours de la Lune de Mars. Toutes sortes d' oignons se peuuent aussi semer au decours de la Lune de Feburier ez lieux temperez; mais au pays froids ils ne se peuuent semer qu' au Mars, lors que la terre est degelée, & le plus tost qu' il est possible, afin que l' on puisse les replanter, & qu' ils puissent grossir.

Le porreau se doit semer en la nouuelle Lune de Mars, ou le plus tost que faire se pourra en ces quartiers, afin qu' il puisse auoir le temps de se fortifier, pour estre replanté en la nouuelle Lune du mois de Juin. Il le faut mettre assez auant dans la terre, pour luy faire prendre du blanc; car c' est ce qui est le meilleur a manger dans le potage durant l' Hyuer, lors que l' on ne peut auoir autres herbages. Il se conserue facilement estant mis en du sable dans le serrail, & dure iusques au printemps.

L' ail est plus propre a planter qu' a semer, a cause qu' il multiplie fort en son bulbe, comme aussi les petites ciues; c' est pourquoy il sera plus expedient de les escharpir, & les replanter. Il faut noter que toutes telles racines infectent tellement la terre ou ils ont esté, qu' il la faut bien purifier, & amender auant que d' y semer, & mettre autre chose.

La Bette-raue est vne fort bonne, & saine racine; elle se seme en plaine Lune le plustost qu' il est possible au printemps: Les raues se sement aussi en plaine Lune; mais pour en auoir de bonneheure il les faut semer sur couches de fumier; pareillement pour en auoir en toutes saisons, il en faut semer tous les mois sur terre, ils demandent vne terre sablonneuse.

Les panais, ou pastenades, & Carottes se doiuent semer en decours de la Lune de Feburier aux pays temperez: Mais en ces quartiers est meilleur de les semer auant l' Hyuer; car autrement elles n' auroient pas le temps de pouuoir grossir.

Les cheruis, que l' on nomme icy racines sucreës, sont tres bonnes, & multiplient grandement; c' est pourquoy elles se peuent escharpir & replanter plus tost que semer, & ce en nouuelle Lune de Mars. La Cichorée sauuage se seme en la plaine Lune d' Aoust: La Selsifie en plaine Lune de Mars, ou plus tost; Comme aussi les racines du gros persil.

Apres

Apres les racines suiuent les herbages du jardin de cuisine, dont les choux s'y rencontrent de pluſieurs eſpeces, comme choux-fleurs, choux-blancs, choux-friſez ou de Sauoye, choux-verds, choux-rouges, & autres: mais le choux-fleur eſt le plus delicat a manger, auſſi eſt il moins ſuſceptible des injures du temps: & pour ce ſubiet il ſe doit ſemer ſur couches de fumier de cheual a la fin de la Lune de Mars, & replanter en la pleine du mois de May, en terre bien fumeë, & prepareë; & pour le conſeruer en Hyuer il le faut replanter dans la ſerre en du ſable.

Les choux a pommes tant rouges que blancs, ſe peuuent ſemer ſur la fin de l'Eſté en pleine Lune, pour les replanter en nouuelle au Printemps. Les choux de Milan, ou de Sauoye, & tous autres generalement ſe peuuent ſemer au Printemps en la pleine Lune de Mars, pour les replanter en la pleine Lune de May.

La laictuë eſt vne fort bonne herbe tant en ſalade, que cuicte dans le pot. Il y en a de pluſieurs eſpeces, & pour en auoir toſt elles ſe ſement ſur couches de fumier en nouuelle Lune le plus toſt qu'il eſt poſſible. Elles ſe replantent au decours de la meſme, ou ſuiuante Lune: Mais pour en auoir le long de l'Eſté, il en faut ſemer toutes les nouuelles Lunes des mois, & les replanter au decours.

Il y a encor vne autre eſpece de Laictuë que l'on nomme Romaine, ou d'Eſpaigne; qui eſt vne excellente ſalade. Elle ſe ſeme au decours de la Lune de Mars, & ſe replante en la nouuelle de May. Il la faut lier auec des brins de paille pour la faire blanchir.

L'Endiue eſt pareillement tres bonne tant en ſalade que cuitte. Nous en auons de deux ſortes, l'vne friſeë, & l'autre non: la premiere eſt la meilleure. Elle ſe ſeme au decours de la Lune, & ſe replante auſſi au decours, lors que le froid eſt paſſé. Elle ſe veut lier auec de la paille pour blanchir; & celle que l'on deſire garder pour l'Hyuer, il la faut ſemer tard vers le mois d'Aouſt: Puis lors que les geleës commencent a venir la tranſplanter en du ſable dans la ſerre, prenant bien garde, qu'elle ne ſoit mouilleë en la reſerrant. La meilleure pour cet vſage eſt la friſeë.

La Bourache, & la Bugloſſe ſe ſement en la nouuelle Lune de Mars, & eſt tres bonne, & rafraiſchiſſante en potage. Elles portent des petites fleurs bleuës, qui ſont fort propres a mettre ſur les ſalades, & ſur les tables.

D   Kes

Les Espinars, Persil, Cerfueil, & ozeille, se sement en la nouuelle Lune d'Aoust, & Mars ; ce qui est semé en Mars grenit au mois d'Aoust : partant on ne s'en peut seruir que jusques au mois de juillet & d'Aoust ; mais ce qui est semé en Aoust ne grene point & peut estre propre a s'en seruir en Automne, & mesmes en Hyuer.

Poireë a large coste, ou bette blanche se seme au decours de la Lune de Mars, & se replante aussi au decours de la suiuante. La Pimprenelle se seme en la nouuelle Lune de Mars, ou Auril ; comme aussi l'ozeille ronde, corne de cerf, Cresson Alenois, & sarriette.

Le Pourpier est excellent tant en salade, que confit au vinaigre pour l'Hyuer. Il se seme en la nouuelle Lune de Mars, ou Auril en ces quartiers sur couches de fumier pour en auoir de bonne heure, & consecutiuement toutes les nouuelles Lunes on en peut semer, pour en auoir en tout temps.

Quant a la Tripe-madame, Estragon, mente, baulme, coq & petites ciues, elles se peuuent plus tost escharpir, que semer, multipliants grandement en leur racines, elles se transplantent en la pleine Lune de Mars, ou Auril.

Soit icy remarqué que pour semer tost en ces pays froids, il est bon de mettre durant l'Hyuer sur le lieu dedié a semer, deux, ou trois pieds de fumier de cheual nouuellement faict, afin que la chaleur d'iceluy empesche les geleës de penetrer jusqu'a la terre ; puis estant releué au printemps, la ditte terre se treuuera en estat de pouuoir semer ce qu'on voudra.

CHAPITRE VII.

Des fruicts, & plantes odoriferantes du Iardin de cuisine.

Es fruicts du jardin de cuisine sont Melons, concombres, citrouilles, Artichaux, pois, febues, & autres legumes, desquels le Melon est assez difficile a faire venir en quelques lieux des pays temperez, & par consequent beaucoup plus en ces climats du Nord ; partant il en faut auoir vn grand soin, pour en faire croistre de bons ; & ce sera par le moyen de couches de long fumier de cheual, que l'on fera d'enuiron trois pieds de haut, & quatre de large, en la superficie desquelles on mettra quatre ou cincq poulces de terreau, ou menu fumier vsé, prenant bien garde, que les dites couches soyent a l'abry du Nord, le plus que faire se pourra, & bien exposées au Midy, puis lors qu'elles auront passé leur grande chaleur bruslante, (ce qui se reconnoistra trois ou quatre jours apres, en fichant le doigt dedans) on y semera les melons peu auant, dans des petits trous par ordre, & deux grains a chasque trou, & ce au decours de la Lune de Mars, ajustant sur les dites couches des verres, ou vitres pour empescher les vents de leur nuire, ains receuoir avec plus de force les rayons du Soleil ; puis la nuict les couurir de paillassons pour les preseruer de la gelée : & lors qu' ils auront trois ou quatre feuilles, il faudra les replanter sur d'autres couches plus basses que les premieres, & sans menu fumier, labourant le dessous d'icelles, afin que les racines des dicts melons, puissent prendre nourriture de la terre. Ils veulent estre arrousez souuent, mais auparauant il faut que l'eauë soit assaisoneë par les rayons du Soleil, & en les arrou-

sant

fant ne mouiller pas la feuille, ny le fruict. Puis, quand il fera befoing de les refchauffer, il faudra mettre du fumier nouueau tout a l'entour des dites couches, environ vn pied de large, & vn peu plus haut qu' icelles : En apres il fera neceffaire de les tailler, ne leur laiffant que trois ou quatre bras, c' eft a dire branches, oftant toufiours les faulfes fleurs, & la plus grande partie du fruict du bout des branches, afin que celuy qui eft prez du pied puiffe proffiter d' auantage, lequel eft ordinariment le meilleur.

Il fe fait encor vne autre forte de couche pour tranfplanter les melons, que nous nommons en France, couche fourde, parce qu', ayant fouy deux ou trois pieds en terre de largeur conuenable, on fait vne forme de trencheë, laquelle fe remplit de nouueau fumier de cheual, & puis de terre au deffus, en forte que les dites couches foyent vn peu efleueës & en talluë vers le Midy, & apres auoir fait des trous par efgalle diftance, on y tranfplante les dits melons, prenant bien garde en les leuant de la premiere couche, de leur efuenter la racine, ains leur laiffer vne petite motte, qui la puiffe conferuer en fon premier lieu, autrement noftre labeur feroit vain, & de nul effect.

Les Concombres fe fement & fe replantent en la mefme maniere que les Melons : ils ne font pas fi delicats, ny tendres au mauuais temps : par ainfi on les peut tranfplanter en plaine terre mettant feulement vn peu de fumier au pied, & dedans leur trous. Les Citrouilles fe cultivent tout de mefme : mais comme leur fruicts font fort gros, & pefans, il eft bon de les appuyer auec des perches pour les fouftenir ; joint qu' elles occuperoient vn grand terrain. Elles veulent auffi eftre arroufeés fouuent.

L' Artichaud eft vn des meilleurs fruicts du jardin de cuifine. La meilleure efpece eft celle qui eft la moins picquante. Ils fe fement fur couches en nouuelle Lune de Mars, & fe replantent en pleine, lors qu' ils ont trois a quatre feuilles. Ils demandent vne terre grafe, & bien fumeë, fraifche, & humide, & force arroufement. On les peut conferuer fur leur terrain en Hyver les entourant de fumier & de terre par deffus : Mais ils feront plus en feureté en ces quartiers dans la serre, pour au printemps les desioindre, & separer, puis les transplanter comme dit est. Leur costes ou cardes sont tresexcellentes a manger estants blanchies, par le moyen du fumier dont on les enuironne l'espace de douze ou quinze jours. Ils se blanchissent aussi dans la serre pour en auoir en Hyuer.

L'Asperge est aussi excellente, elle se seme en plaine Lune de Mars, & se replante deux ans apres en mesme Lune, & en licts, ou planches bien preparées, & vn peu basses, afin qu'elle puisse auoir de la fraischeur, & humidité, & dans icelles planches il la faut planter par rangs & esgalle distance d'vn pied l'vne de l'autre. Il n'est pas requis qu'elles ayent plus d'un pied & de my de bon fond afin qu'elles puissent taler d'auantage, & produire plus de fruict, ne treuuant pas de nouriture suffisante au fond.

Les pois sont de diuerses especes. Les hastifs se sement en pleine Lune, le plustost qu'il est possible, pour en auoir des precoces. Il y a vne espece de pois, que l'on nomme sans gosse, d'autant qu'elle se mange auec le pois dans icelle, & est tres bon. Il est besoin que toutes sortes de pois soient ramez.

Les febues se plantent au decours de la lune d'Auril & May. Le fenouill doux se seme en la pleine Lune de Mars, ou d'Auril.

Nous parlerons maintenant des plantes, & arbustes tant a fruict, que de bonne odeur. Celles a fruict sont les groseliers qui se rencontrent de trois especes, sçauoir celuy qui vient en grappe, lequel est blanc, & rouge, & sont tres bons à confire; le troiziesme rapporte son fruict tout au contraire, sçauoir separé l'vn de l'autre : il est fort espineux, aussi son fruict n'est pas si bon que celuy des deux autres especes.

L'espine vinette, ou barbaris, est fort bonne & propre a confire, comme aussi a manger crude auec les viandes & saulses. Elle est pareillement espineuse; toutesfois sa feuille est tres belle, & par ainsi on en peut planter en palissades en quelques endroits dans le iardin de plaisir ; ce que ie ne trouue a propos de faire de mesme pour le regard des groseliers, ains seulement dans le iardin de cuisine. Tous les sus dits arbrisseaux se prouignent aisement, & reprennent fort bien de bouture.

Les.

Les arbustes de bonne odeur sont la Lauande, Sauge, Ruë, Rosmarin, Hyssope, Thym, & Marjolaine, lesquels se sement en nouuelle Lune de Mars sur couches de fumier si l'on veut, pour estre plustost venus, & ils se replantent en pleine Lune. Ils reprennent aussi facilement de bouture & marquote.

CHAPITRE VIII.
Du iardin a fleurs.

E Jardin a fleurs doit estre a part, & requiert vne terre sablonneuse, & legere. Il est expedient de le separer en deux parties, sçauoir, l'vne pour les fleurs arbustes, comme Rosier, Genest d'Espaigne, caprifolia, œillets d'Inde, Pimoines, & autres grandes fleurs, lesquelles offusqueroient les basses estants meslées ensemble; & l'autre partie pour les fleurs basses, & plus rares, comme œillets, Girofleës doubles, couronnes imperialles, Martagons, Tulipes, Anemones, Ranunculs, auriculs, Iris, & autres, lesquelles deux parties se peuuent encor diuiser, pour mieux mettre chasque espece a part. Toutesfois on peut bien approprier le dict iardin a fleurs arbusteës auec les autres: mais il faut qu'elles soyent planteës par ordre en quelques endroicts seulement pour seruir d'ornement, & de bienseance. Toutes lesquelles fleurs se pourront aussi planter dans les parterres, & autres lieux du iardin de plaisir, comme il sera traicté en son lieu; mais premierement venons a leur culture, & esleuation.

Le Rosier est grandement diuersifié en ses especes: Car il y en a des blancs, rouges, & iaunes, les vns a cent feuilles, d'Hollande, de Damas, Batauië, Muscat, & autres. Ils se plantent en pleine Lune de Mars, ou Auril, & le plus tost que l'on peut; ils se marquotent, & prouignent en mesmes Lunes, & ils se peuuent aussi greffer en escusson.

Le

Le Caprifolium, ou Cheure feuille se plante, & marquotte en la mesme maniere que le rosier, Le Genest d'Espaigne se seme aussi en mesme Lune pour le replanter par ordre ou l'on voudra. Il croist en arbre assez grand & porte vne fleur jaune tout le long de l'Esté odoriferante.

Les Giroslées se rencontrent de diuerses couleurs, & ont toutes vne tres bonne odeur. Il en vient souuent des doubles, quand la graine est bien choisie, sçauoir du maistre-brein; ils se sement sur couches en pleine Lune, comme aussi les Passe-roses, œillets d'Inde, Tourne sol, & autres telles fleurs, pour les replanter en nouuelle Lune. Et comme la plus part de ces fleurs sont tardiues il est a propos de les semer le plus-tost que faire se peut, & principalement en ces quartiers, autrement a peine pourroient elles auoir le temps de fleurir.

L'œillet est vne fleur tres belle, & tres odoriferante; Il y en a de toutes couleurs, hors-mis noirs, & bleus, la pluspart des quels sont pennachéz. Ils se sement en pleine Lune, en Automne, ou Printemps; prenant garde de choisir la meilleure graine, ainsi qu'aux giroslées. Ils se marquottent, & œilletonnent facilement en nouuelle Lune.

L'auricul ou oreille d'ours est vne des plus belles fleurs basses qui soit, il y en a de toutes couleurs hormis noire, & bleuë, elle croist en boucquet sur lequel il se rencontre souuent jusques a cinquante fleurs ensemble & les quelles durent long temps en fleur, on la peut escharpir, d'autant qu'elle multiplie fort en sa racine, elle se seme en la plaine Lune de mars & septembre & est fort long temps a leuer: Il faut obseruer de ne la semer guere avant, d'autant que la graine est si desliée que le trop de terre par dessus la pourroit offusquer Il s'en peut esleuer facilement en ces quartiers comme estant assez robuste au froid, & se plaist en vne terre forte.

L'epatique est encor vne fleur basse a racine, laquelle est belle. Il s'en rencontre de deux especes sçauoir double & simple & de plusieurs couleurs comme blanche, bleuë, & coulombine, elle multiplie encor plus en sa racine que l'oreille d'ours & est pareillement fort robuste aux injures du Temps

Il y a des fleurs que nous nommons tubereuses, & bulbeuses. Entre les tubereuses sont les piuoines, flambes, iris, & autres, lesquelles ont leur cayeulx, annexez a costé de leur bulbes, ou oignons. Ces deux especes de fleurs se doiuent planter en nouuelle Lune, au mois d'Octobre. Toutesfois en ces quartiers, les plus delicates, comme (Anemosnes, Ranunculs, & iris) coureroient risque d'estre d'estre gastées par les rigueurs de l'Hyuer, c'est pourquoy il faut attendre jusqu'au Printemps pour les planter. Quant aux Tulipes elles se peuuent planter au sus dit temps d'Octobre, comme estans plus robustes, quoy qu'elles se peuuent garder jusqu'au Printemps, non toutefois sans estre en danger d'estre la plus part gastées.

Toutes les sus dites fleurs se doiuent semer en pleine Lune du mois d'Aoust dans des pots, ou quaisses, & aussi en la pleine Lune de Mars. Il les faut laisser en terre deux ans auant que de les replanter, puis tous les ans les leuer a la fin du mois d'Aoust, & les nettoyer deüement pour les replanter au dict temps. L'Anemone fleurit au bout de deux ans, & pour en auoir des fleurs long-temps, il en faut planter tous les mois, les conseruant de la rigueur du froid, comme aussi de la trop grande ardeur du soleil.

La Tulipe ne produit sa fleur que cinq ans apres auoir este semeé: & tant les Tulipes, que les Anemones sont tresagreables a la veüe, & les plus exquises de toutes les fleurs, a cause de leur grande varieté en couleurs. Mais les Tulipes surpassent de beaucoup en beauté, & rareté les Anemones, par leur admirables pennaches, & bigarrures en vne infinité de couleurs, comme blanche, pourpre & bleuë, incarnate, & blanche, rouge & iaune, & plusieurs autres diuerses couleurs, jusques a cincq ou six sur vne mesme fleur : ce qui les faict estimer des curieux par dessus toutes les autres fleurs. Elles multiplient fort en cayeuls, c'est a dire petites bulbes, qu'elles produisent presque tous les ans en leur racines, & oignons.

Il y a encores d'autres sortes de fleurs, comme Couronnes imperialles, Martagons, Lys blancs, & iaunes, fritillairs, Hiacinthes blanches, & bleuës, crocus, & plusieurs autres, toutes lesquelles se sement & plantent comme cy dessus. En oultre il y a encores plusieurs especes de petits simples & fleurs, Comme la cammomille, Muguet, Marguerite, Primavers, & autres, lesquelles sont propres dans le iardin de plaisir, y estants plantées par ordre comme il appartient; car elles sont differentes verdures, & fleurs. Quant aux autres fleurs, & simples qui se rencontrent en nombre infiny, les Arboristes en pourront donner plus d'intelligence que moy, mon intention n'estant pas de s'estendre plus auant que pour ce, qui est le plus vtile au iardin de plaisir.

CHA-

CHAPITRE IX.

Des Arbres sauuages.

Pres uoir traicté jusques icy en partie de ce qui peut conuenir au iardin de plaisir, & notamment touchant les arbres fruictiers, herbes, & fleurs, nous parlerons maintenant des arbres sauuages, dont il s'en rencontre de deux especes generalles, sçauoir l'vne qui ne retient sa feuille en Hyuer, & l'autre qui la conserue tousiours verde malgre les rigueurs de l'Hyuer.

Entre la premiere espece le Chesne est le plus beau & vtil, tant a cause de son bois propre a toute sorte de charpenterie, que de sa longue dureé. Il fait naturellement vn piuot en sa racine, lequel entre dans la terre, jusqu'a ce qu'il y rencontre resistence par le tuf, glaize, ou roche, & lors ses racines s'estendent au long & au large entre deux terres spacieusement. Mais comme il est de longue dureé, aussi est il fort long a venir & croistre; c'est pourquoy nous ne nous en seruirons point aux alleës de plaisir, ains les planterons a part pour faire chesnaye, ou bois de haute fustaye. Or comme il est difficile a reprendre, il faut estre soigneux en l'arrachant de ne rompre, ny esclater le dit piuot de sa racine, & pour cet effect il les faut choisir jeunes de la grosseur de deux doigts, & les planter pres apres, afin qu'ils croissent hauts & ne les couper par le faiste. Ils viennent plus seurement estans semez, mais il en faut cueillir le gland au mois de Nouembre, & Decembre, puis les mettre bien proprement par licts les vns sur les autres, auec du sable dans la serre, jusqu'au mois de Mars, & les planter en nouuelle Lune : Pour se seruir de son bois en charpenterie il faut le couper en decours de Lune, autrement il seroit subiect aux vers.

Le Chaftaignier n'eft pas fi difficile a venir, a caufe de fa grande feve, auffi n'eft il pas de fi longue dureë, ny fon bois fi propre a baftir ; ains eft meilleur a faire des cerceaux, eftant coupé en decours de Lune. Il eft plus propre a faire alleës & aduenuës que le chefne, venant affez vifte ; Son fueillage eft fort beau, & grand : Il fe feme auffi comme le gland.

Le Teilleul eft encor plus beau pour planter des alleës, parce qu'il croift esgallement en pyramide, & n'eft pas fuiect aux vermines. Si on en veut planter, il le faut choifir bien droit & de belle venuë de la groffeur du poignet, & qui foit de brain, c'eft a dire de graine, ou marquotte, & non fur fouche. Mais pour cet effect il en faudroit faire pepiniere, en femant fa graine en bonne terre bien laboureë en nouuelle Lune de Mars, & en la maniere que nous auons dit au Chapitre de la pepiniere. Ils fe peuuent auffi prouigner les couchant en terre tout de leur long, & laiffant hors feulement les petites branches du tronc de l'arbre, lesquelles prendront racines facilement. Cette maniere d'operation fe doit practiquer en Automne, ou le plus-toft qu'il fera poffible au Printemps, & en nouuelle Lune ; Mais quoy que cette maniere foit bien prompte, & facille, neantmoins leur racines n'auront jamais fi bonne cheuelure que celles de graine ; & ainfi generallement fe doit entendre de tous les autres arbres.

L'Orme, ou ormeau vient encor plus promptement, que le Teilleul, & eft plus facile a reprendre. La meilleure efpece pour les alleës du jardin de plaifir eft la femelle, laquelle a la feuille plus grande & plus large que le masle, & vient auffi plus vifte. Il faut prendre garde de ne le planter aux enuirons des arbres fruictiers, d'autant que fa racine prend toute la nourriture de la terre circomuoifine. Il fe nomme Ipre, ou Ipreau, mot qui eft deriué d'vne place en Flandres, ou on en esleue en grande quantité. Il fe feme, & prouigne en mefme façon que le teilleul.

Le ficomore eft vn arbre qui croift encor plus vifte que l'orme, & en abondance : mais il eft de peu d'vtilité, & plaifir, eftant fuiect a toute forte de vermines, comme moucherons, hannetons, & chenilles ; qui plus eft il iette fa feuille des premiers ; Toutesfois on en peut planter en quelques endroits du jardin de plaifir pour diuerfifier.

Le Heftre, & charme font fort propres pour faire pallisfades, car ils ont les feuilles tres belles & luifantes, & ne fe degarniffent au pied ; ce qui eft du tout requis aux pallisfades du iardin de plaifir. Il les faut tous les ans entre-

entretenir, & tondre comme il appartient, & ainsi ils croistront merueilleusement belles, & hautes.

Le Troësne, ou Ligustrum, est aussi beau en pallissades moyennes, mais de peu de dureé a cause qu'il s'espessit fort, & se pourrit, c'est pourquoy il requiert d'autant plus de soin d'estre taillé souuent, pour luy oster son vieil bois.

L'Espine blanche est encor belle en pallissades moyennes; mais elle a ce defaut qu'elle attire sur elle ordinairement le venin, par lequel ses feuilles demeurent quelques fois tout le long de l'Esté broüies, & pleines de chenilles; ce qui la rend fort desfagreable: il est bon neantmoins d'en planter dans les bosquets, par ce que le Rossignol se plait extremement ou elle se rencontre.

Il y a vne infinite d'autres especes d'arbres sauuages, desquels nous ne ferons mention, comme n'estant pas si propres, & vtiles a la decoration du iardin de plaisir; partant nous parlerons maintenant des arbres verds, lesquels sont aussi de diuerses especes.

Le Sapin est le plus exquis, seruant a beaucoup d'vsages, & est grandement vtile, & necessaire tant a bastir, qu'a faire maz de nauires, & plusieurs autres commoditez. De plus la vermine ne s'y engendre point; sa culture est fort difficile: car si on l'arrache pour le replanter a moins qu'il ne soit leué adextrement auec sa motte, il sechera, & mourra; pour á quoy remedier il le faut leuer fort petit, & jeune. Il se peut semer dans des pots ou quaisses en la nouuelle Lune de Mars, pour le replanter l'annee d'apres ou l'on voudra. Il s'en rencontre de diuerses especes en ces quartiers; & ce qui semble estrange, & digne d'admiration est, qu'ils viennent à merueilles, mesme au plus haut des rochers, ou n'y a presque de terre; leurs racines penetrant jusques au dedans des dits rochers, d'ou ils attirent comme par force, & violence la plus grande partie de leur nourriture.

Le Geneure est aussi fort commun en ces pays, & est autant difficile a reprendre que le sapin, a moins que d'estre leué semblablement en sa motte; il peut venir facilement de semence, qui est le plus asseuré.

Le Houx est vn arbre verd qui a sa feuille fort luisante, & autour d'icelle des piquants espineux. Il est dur aux injures du temps. Neantmoins il ne s'en rencontre en Suede; il est moins difficile a reprendre que les precedents, pouuant estre transplanté sans motte, pourueu qu'il soit jeune.

Pareil-

Pareillement il vient fort bien de femence, laquelle eft tres belle fur fon arbre en forme de grappe, & de couleur naccara. L'oranger fe pout greffer deffus, pour le rendre plus robufte.

  Le Büis eft auffi vn arbre toufiours verd, lequel eft propre tant en palliffades, qu'aux parterres. Il y en a de deux efpeces, fçauoir l'vne que nous appellons gros-büis ou buis de bois, & l'autre, büis-nain. Le premier croift en arbre affez haut, màis eft fort long en fa croiffance, & plus qu'aucun autre arbre. Il eft robufte, & fort dur contre les injures du temps. Il fe coupe, & fe tond, tant & fi court, & en telle forme, & façon que l'on veut fans mourir ; ce qui eft contre le naturel des autres arbres : & partant nous nous en feruirons aux parterres plus-toft que du büis-nain, lequel eft beaucoup plus tendre au mauuais temps, & a la tonte, & coupe, fe defpouille & vient a mourir le plus fouuent ; auffi n'eft il pas de dureë comme le gros-büis, a raifon dequoy celuy cy, fera plus propre aux parterres en broderie ; comme nous dirons en fon lieu. Le Büis-nain ne croift iamais plus haut de deux pieds, ou vne aulne de ce pays.

  Le Cypres eft encor vn tres beau, & curieux arbre verd, fa forme eft pyramidalle, & fes branches croiffent depuis la terre fort touffueës toufiours en amoindrisfant vers le haut. Il fe peut couper, & tondre comme on veut, faifant vn tres bel ornement eftant planté par ordre dans le iardin de plaifir. En France il n'eft befoin de le conferuer contre le froid ; mais icy eft bon de mettre force fueilles feches, lors qu'elles tombent des arbres, tout autour de fa racine, pour empefcher la geleë de penetrer, comme auffi le bien entortiller de paille jusques au haut. Il ne vient pas autrement que de femence, & veut eftre transplanté auec fa motte tenante a fa racine.

  Il y a encor quantité d'autres arbres verds, comme Philirias, Alathernes, Lauriers tains, Chefne-verds, & autres, lesquels fonft fort propres dans les bosquets, & iardins de plaifir, & qui ne font pas fi difficiles a reprendre que les precedens, & viennent affez promptement tant de marquotte que de graine. Ils fouffrent aifement l'Hyuer en France vers Paris fans eftre mis dans la ferre, & mefme on en fait des paliffades tres belles dans les iardins ; mais en ces pays froids il fera neceffaire de les conferuer en Hyuer dans l'orangerie:

CHAPITRE X.

Des Orangers, Citroniers, Grenadiers, Myrthes, Iasmins d' Espaigne, & autres arbres rares.

Aintenant pour clorre & conclure cet abbregé d' Agriculture, il nous reste a traicter briefuement des Orangers, & autres arbres rares pour l' ornement du iardin de plaisir, Premierement il y a de deux especes generalles d' Orangers, sçauoir grands, & nains : les derniers sont propres a mettre dans des pots ou vases, afin de les pouuoir transporter dans les chambres, sur les tables, & ou l' on voudra ; d' autant qu' ils sont ordinairement tous pleins de fleurs, mais leur fruict est fort petit : Quand aux grands, il y en a de plusieurs especes particulieres, comme aussi des Citronniers, mais nous ne parlerons icy que de l' oranger en general, lequel est fort tendre au froid,& ne se plaist que dedans la chaleur : c' est pourquoy en ces pays du Nord, il conuient en auoir beaucoup plus de soin qu' en France, & de fait vers Paris il n' est besoin que d' vne orangerie pour l' Hyuer ; mais icy il est necessaire d' en auoir aussi vne d' Esté, a cause qu' en quelque temps que ce soit en ces quartiers, lors que le vent du Nord souffle, s' ils ne sont a l' abry, & souuentes-fois a couuert, ils courent risque d' estre gastez.

Il sera donc a propos de bastir l' orangerie d' Esté de charpenterie en forme de gallerie, & bien exposée au Sud, laquelle se puisse decouurir par le beau temps, afin qu' ils reçoiuent les pluyes douces & fraischeurs des nuicts estiuales : la ditte gallerie doit estre bien airiée du costé

du

du fud par grandes feneftres, les quelles on pourra fermer auec des chafsis de papier huillé au mauuais temps, & ouurir quand il fera beau. Ce faifant on les pourra tirer de l'orangerie d'Hyuer au commencement du mois d'Auril, pour les mettre auec ordre dans celle d'Efté ; afin qu'ils puiffent auoir plus d'air, & les y laiffer jusques à ce que l'on s'apperçoiue qu'il y puiffe geler.

Quant a l'orangerie d'Hyuer il eft bon de la conftruire proche, & ioignante celle d'Efté, en forte que du cofte du Nord elle foit vn peu enterreë, & vers le fud perceë, de feneftres baffes pour donner de l'air aux arbres, lors qu'il ne gelera pas ; car le plus d'air que l'on leur peut donner, eft le meilleur : de peur que l'Humedite ne s'y engendre, laquelle leur eft fort contraire, & repugnante. puis dans icelle orangerie on mettra vn ou deux poiles pour y faire du feu moderement, car la trop grande chaleur leur pourroit faire tomber la feuille : Cette moderee chaleur ne feruira que pour preferuer les arbres tant de la geleë, que d'vne trop grande humidité, & par ainfi ils fe pourront conferuer toufiours beaux, & verds portans fleur, & fruict.

Les Orangers & Citronniers fe greffent facilement en efcuffon, approche, & fente en la maniere que les autres arbres. Mais ils fe doiuent planter tous dans des quaisfes pour les mieux conferuer, & tranfporter de lieu a aultre ; ie dy quand a ces quartiers du Nord ; car quant aux pays chauds, ou temperez ils fe peuuent planter en plaine terre, & en expailler les contregardant des geleës feulement, par le moyen de noftre fus-dite orangerie d'Efté.

Le Grenadier doit eftre conferue de mefme façon, quoy qu'il ne foit pas fi tendre, ny fi delicat que l'oranger. Toutesfois il ne peut pas fouffrir les rigueurs de l'Hyuer en France vers Paris a moins que d'eftre mis dans la ferre, ou bien en expailler, eftant bien couuert de paille au long de l'Hyuer ; partant en ces climats froids il n'y pourroit reüffir fans eftre ferré. Il ne retient fes feuilles en Hyuer, & fe diftingue en deux efpeces, fçauoir a fruict, & a fleur double ; celuy cy ne porte pas de fruict, ains vne tres belle fleur de couleur naccarat, celuy a fruict a fa fleur de mefme couleur, mais fimple. Il fe greffe en fente, & approche.

Le Jaffemin fe rencontre de diuerfes efpeces, dont celuy que l'on nomme d'Efpaigne eft le plus eftimé, a caufe de la fleur ample & odoriferante: Il fe conferue en mefme maniere que l'oranger. Sa pleine fleur eft fur le

declin

declin de l'Esté. Le jaſſemin commun eſt plus robuſte & fleurit le long de l'Esté, mais ſa fleur eſt moins odoriferante, & plus petite. Celuy de Portugal, ou des Indes, eſt tres beau, & rare d'autant qu'il tient ſa fueille touſiours verde & laquelle eſt tres belle. Il fleurit abondamment durant l'Esté. Sa fleur eſt jaune, & fort odoriferante, mais petite. Tous les dits jaſſemins ſe greffent en fente, approche, & eſcuſſon.

Les Myrthes ſont pareillement tres rares, curieux, de bonne odeur, & touſiours verds. Il y en a de deux eſpeces, dont l'vne eſt maſle, & l'autre femelle, leſquelles portent vne petite fleur blanche, preſque comme l'eſpine blanche. Ils ſe prouignent & marquottent facilement, comme auſſi ſe greffent en fente, & approche.

Quant aux Lauriers il y en a de pluſieurs ſortes comme Laurier commun, Laurier-tin, Laurier-roſe, blanc, & rouge, & Laurier-ceriſier, qui a la fueille grande & luiſante. Celuy cy ſe reprent aiſement de bouture, & tous les autres ſe marquottent facilement.

Le figuier ſe peut auſſi en ſemblable façon conſeruer en ces quartiers, & y rapporter ſon fruict en maturité. Il ſe marquotte, & reprend fort bien de bouture, le dit figuier comme auſſi les dits Lauriers (hors-mis le Laurier-roſe) ne ſe mettent point dans l'orangerie en France, ains en expailler ſeulement. Mais icy il eſt neceſſaire qu'ils y ſoient, autrement ils periroient en Hyuer.

Il faut remarquer que tous les ſus dits arbres en quaiſſes, doiuent eſtre renouuellez de terre de trois a quatre anneés au plus; & pour cet effect il faut preparer de la terre qui leur ſoit propre, ſçauoir en faiſant amas de fiente de pigeon, de dain, & mouton, & meſler parmy de la terre vn peu forte, & argilleuſe; puis il faut mettre le tout enſemble dans vn trou, lequel apres auoir recouuert de terre, on y laiſſera le dit meſlange conſumer l'eſpace de deux, ou trois ans, & lors on ſera aſſeuré d'auoir vn terrau bien aſſaiſonné, & fort propre pour les ſus dits arbres rares, parmy lequel eſt bon encore de meſler de la terre d'eſgout, c'eſt a dire de foſſez par leſquels ſe deſchargent les immondices de la ville.

Chapitre XI.

Des ornements du jardin de plaisir.

Yant traicté en bref du cult des terres, arbres fruictiers, herbages, & fleurs, faisant partie du jardin de plaisir, il nous reste a considerer maintenant, en quelle maniere, nous luy pourrons donner son ornement requis pour paroistre tant plus aggreable, & diuertissant au Prince, & Monarque. Pour lequel effect nous y ordonnerons les parterres, bosquets, arbres, palissades, & allées diuerses, comme aussi les fontaines, grottes, statuës, perspectiues, & autres tels ornemens, sans lesquels le dict jardin de plaisir ne peut estre parfait; neantmoins il est tres euident que toutes ces choses confuses, & mal appropriées ne font pas vn trop bel effect, c'est pourquoy nous essayerons a les disposer chacunes en leur lieu, suiuans l'ordre que l'experience nous a appris, dont les desseins suiuans peuuent donner intelligence.

Premierement nous disons que la Maison Royalle doit estre située en vn lieu auantageux, pour la pouuoir orner de toutes les choses requises a son embellissemens; dont la premiere est, d'y pouuoir planter vne grande aduenuë a double, ou triple rang soit d'ormes femmelles, ou Teilleux (qui sont les deux especes d'arbres, que nous estimons plus propres a cet effect) laquelle doit estre tirée d'allignement perpendiculaire a la face du deuant de la Maison, au commencement de laquelle soit fait vn grand demy cercle, ou quarré ainsi qu'il se peut voir au dessein general fol: 2 Puis a la face de dérriere de la ditte Maison doiuent estre construits les parterres en Broderie prez d'icelle, afin d'estre regardez & considerez facilement par les fenestres, sans aucun obstacle d'arbres, pallissades, ou au-

tre

tre chose haute qui puisse empescher l'œil d'auoir son estenduë.

En suitte des dits parterres en Broderie, se placeront les parterres, ou compartimens de gazon, comme aussi les bosquets, alleës, & pallissades hautes, & basses, en leur lieux conuenables ; faisant en sorte que la plus-part des dites alleës aboutissent, & se terminent tousiours a quelque statuë, ou centre de fontaine ; & aux extremitez d'icelles alleës y poser des belles perspectiues peintes sur toile, afin de les pouoir oster des injures du temps quand on voudra. Et pour perfectionner l'œuure soit place les statuës sur leurs piedestaux, & les grottes basties en leurs lieux plus conuenables. Puis esleuer les alleës en terraces suiuant la commodité du lieu, sans y oublier les volieres, fontaines, iets d'eau, canaux, & autres tels ornemens, lesquels estans deüement practiquez, chacun en leur lieu, forment le iardin de plaisir parfait.

Maintenant nous donnerons quelque intelligence touchant les desseins suiuants, afin de les pouoir executer comme il appartient, chacun en leur proportion requise, & pour cet effect est a noter premierement que les parterres les plus esloignez de la veuë doiuent estre mis en plus grand volume, que ceux qui en sont plus proches, pour paroistre plus aggreables a l'œil, & mieux proportionnez. Pour venir donc a l'execution d'iceux, nous leur donnerons vne commune mesure, laquelle se nomme en France Toise, & de laquelle tous les Artistes se seruent communement, estant differente de celle des Marchands qui est l'aulne. Or icelle Toise est diuiseë en six parties esgalles, que l'on nomme piedz de Roy ; & iceux piedz diuisés en douze parties esgalles, que l'on nomme poulces, lesquels poulces sont subdiuizes en autres douze parties esgalles que l'on nomme Lignes : La sus dite Toise fait trois aulnes de Suede, & cincq a six poulces de plus, c'est a dire que la demye aulne ou pied de ce pays fait enuiron onze poulces en France.

Il sera donc facile (la mesure susnommeë estant bien entenduë) de reduire sur terre tous nos desseins en leur proportion requise ; & pour plus grande facilité aux moins experts dans la decoration des iardins, nous ferons sur chasque dessein vn article en ce mesme Chapitre.

Premierement.

Le 1. dessein est vn plan general, pour construire sur le derriere de quelque grand Palais, ou Maison de plaisance, lequel est d'enuiron. 310. Toises de long, sur 220. de large, qui est la proportion requise ordinairement a tous Iardins, scauoir ⅓ plus long, que large, ou plus, afin que

toutes

toutes les feparations qui fe pourront faire en iceux, puiffent auoir forme de parallelogramme, ainfi qu'il fe peut voir en noftre plan pofterieur, horsmis les parterres que nous auons faits quarrez, a caufe de leurs alleës, ou croizeës d'angle en angle. Les dits parterres font de 60. Toifes en quarré dans œuure, & leurs allees de 4. lesquels nous auons mis en plus grand que fur noftre dit plan, afin d'eftre plus facile a les comprendre, & executer fur terre : & font mis en fuite des deux plans generaux fol. 3. & 4. Le 1. eft le parterre en Broderie. Le 2. le compartiment de gazon, auquel les 4. demyes oualles font en dehors; ce que nous auons fait pour diuerfifier, afin qu'il puiffe feruir a mettre feul en quelque autre endroict. On peut faire les dictes oualles en dedans pour accorder au parterre en Broderie, & ce en oftant les quatre fontaines des 4. triangles d'iceluy, puis au centre d'icelles demyes oualles y pofer les ftatues fur leur piedeftaux. Apres les dits parterres fuiuent les bosquets, plans d'arbres, & prairies, au milieu desquels l'on pourra faire des pauillons de charpenterie, pour fe mettre a couuert ; & s'il y a moyen, faire pareillement tout au tour de noftre œuure des canaux de dix toifes de large, dont les allees des coftez d'iceux foient deux, ou trois pieds plus baffes, que les autres, & l'eau presque au niueau d'icelles, auec des degrez a chasque rencontre des allees capitales y abboutiffantes, lesqueles doiuent eftre plantees a double rang, accompagnees d'vne palliffade de charme au dernier rang, qui ne foit plus haute que deux a trois pieds ; quoy que pour diuerfifier, on peut en quealques lieux conuenables la laiffer croiftre haute, pourueu que la fymmetrie y foit obferuée. Puis foit conftruit le demy cercle au bout ; le tout felon la mefure de noftre fus-dit plan general.

 Le 2. deffein eft vn autre plan general, mais moindre que le precedent, contenant enuiron 200. toifes de long, fur 150. de large ; le Chafteau eftant enuironné d'eau comme aufsi l'aire, ou fuperficie de noftre dit lieu fi faire fe peut, auec la demye Lune, & grande aduenüe au deuant d'iceluy. Au derriere duquel on peut faire le parterre en Broderie fol. 5. & a fes coftez l'on peut ajufter les bosquets defcrits fur noftre 1. deffein. De plus aux coftez du Chafteau l'on peut faire le parterre en Broderie, & compartiment de gazon fol. 16. & 24. ou bien au lieu des dits parterres, on pourra mettre a l'vn des dits coftez les orangers, myrthes, jaffemins d'Efpaigne, & autres arbres rares, & a l'autre les fleurs rares, & quelques

autres

autres petits arbrisseaux tousiours verds, & mis par ordre en compartiment, qui corresponde au dessein des bosquets, pour obseruer la Symmetrie requise a la construction de toute œuure, y adioustant les fontaines, & statuës en leur lieux propres. Puis au bout du grand parterre sont trois alleës tendentes a mesme centre, lesquelles doiuent estre planteés de charme, pour faire hautes pallissades ; & a six pieds d'icelles sont marquez les lieux pour planter des Cypres d'espace en espace, ou quelques autres beaux arbres bien faits, & bien choisis, comme sapins; car quoy qu'ils soient communs en ces pays, neantmoins estans plantez dans les iardins en lieux conuenables, & entretenus comme il appartient, il est evident, qu'ils feront vn tres bel effect. Et dans les separations que font les dites alleës, l'on peut planter des arbres fruictiers, ou bien en faire potager, dont les dittes pallissades hautes pourront empescher la deformité : car autrement nous n'approuuons pas que le iardin de plaisir soit interrompu d'herbages, ny d'arbres fruictiers, a moins qu'ils ne soient plantez en expailler; mais bien d'en faire vn iardin a part. Reste a dire que la ceincture de nostre plan posterieur, est vne grande alleë double auec sa demye Lune ou ovalle, du milieu de laquelle sort encor vne grande alleë en forme d'aduenuë pour correspondre a celle du deuant du Chasteau, le tout entouré d'eau qui se communique l'vne a l'autre, & ainsi qu'il se peut voir sur nostre dit plan : car nous estimons l'eau estre vn des principaux ornemens du iardin de plaisir.

Il nous reste maintenant a parler des parterres, bosquets, & dedalles, chacun en son particulier, & premierement des parterres en Broderie, & compartimens de gazon dont nous remarquons qu'il n'y a aucun arbrisseau plus propre que le büis pour la construction d'iceux, parce qu'il est tousiours verd, & qu'estant soigneusement entretenu, & tondu, il ne croist pas plus haut que de 4. a 5. poulces en 20. anneës; ce qui est requis a nos dits parterres, afin de pouuoir estre veus & considerez des fenestres auec plus de contentement. Or il y a comme nous auons dit au chapitre des arbres verds de trois especes de Büis: sçauoir gros büis, büis nain, & encore d'vne autre espece, entre les deux sus-dites : mais si faire se peut, nous nous seruirons de gros büis, d'autant qu'il est plus robuste, & endure la tonte plus facilement ; & quoy qu'en le laissant croistre il puisse auec le temps venir fort haut, si est-ce qu'estant souuent tondu, il se peut tenir encore plus bas que le nain mesme. C'est pourquoy nous nous arresterons au gros büis, & notamment quant aux parterres en Broderie;

Car

Car pour les compartimens de gazon, & autres ou les traits ne se ioignent pas comme en la Broderie, & desquels la bordure doit estre plus espaisse, le büis nain y peut seruir, quoy qu'au besoin on puisse se seruir de tous les deux, mais separement, & non meslez ensemble.

Derechef par faute de büis, on se peut seruir en ces quartiers de Suede d'vne autre espece de verdure, qui se nomme en Suedois *Liong-ris*, & qui a la fueille fort approchante a celle du büis, estant encore plus robuste au froid, & iniures du temps. Il se trouue, & croist en grande abondance dans tous les bois de ce pays.

Ce que dessus estant consideré nous poursuiurons a traiter de nos desseins, chacun en son particulier, dont le 6. est vn parterre en Broderie d'enuiron 42. toises en quarré, les plattes bandes du pourtour des quarrez de 6. pieds de large pour mettre des fleurs basses; & a chasque angle externe des dits quarrez est descrit vn quart de cercle, au centre duquel se doit poser vne figure, La fontaine est de 7. toises de diametre; Nous auons fait, & executé le sus-dit parterre en cette ville de Stockholme deuant le Palais de la Ser.me Reine Mere.

Le 7. est vn autre parterre en Broderie d'enuiron 47. toises en quarre dans œuure. Sa fontaine est de 8. en diametre; les croizeës, & alleës du pourtour de 4. & les plates bandes de 6. pieds avec des qu'areaux de pierre d'espace en espace, propres pour y poser des pots, ou vases pleins de fleurs, & entre iceux du gazon. Nous n'auons pas marqué sur ce present dessein les alleës du pourtour, comme aussi a plusieurs autres pour euiter confusion, ce qui se doit entendre, & supposer a tous parterres, ainsi qu'on peut remarquer sur nos plans generaux precedens.

Le 8. dessein est aussi vn parterre en Broderie de 40. toises en quarre dans œuure; sa fontaine en octogonne de 7. toises en diametre; les plattes-bandes de 6. pieds auec les quarts de cercle aux angles du milieu: aux centres desquels sont marquez les 8. piedestaux, pour y poser des figures. Et au milieu des dites plattes-bandes on y peut planter par espaces des petits arbrisseaux tousiours verds, & bien tondus, les vns en globes, & les autres en pyramides, entre lesquels on peut, planter toute sorte de fleurs basses, comme Tulipes, Anemones, Ranuncules & autres.

Le dessein 9. est encor vn dessein en Broderie d'enuiron 36. toises en quarré dans œuure, auecque vne demye Lune au bout, partie en Broderie, & partie compartiment de gazon: Les plattes-bandes sont de 6. pieds de large, auec vne espace de gazon dans le milieu. L'ouvrage de ce dessein est

est en grand, pour estre veu de loing; & en cas qu'on le voulut faire plus prez de l'œil, il le faudroit reduire en plus petit, & y adjouster du trauail.

Le 10 Dessein est vn autre parterre en Broderie de 28. toises en quarré dans œuures. La fontaine de 4 ½. de diametre: sa platte-bande se peut faire de 5. pieds de large, auec des fleurs basses dans le milieu d'icelle, & vn filet de gazon dans le grand trait de la broderie; puis les 8. piedestaux annexez a iceluy pour y mettre des figures.

Le 11. Dessein est aussi vn parterre en Broderie, contenant 30. toises en quarré, y comprises les alleës du pourtour. Les plattes-bandes sont de 4. pieds de large, ornées comme au dessein 7. & au bout d'iceluy parterre est descritte vne demye ovalle, dont le dedans doit estre gazonné, & planté a l'entour de cyprés, ou autres arbres verds: Et si le dit parterre est entouré de murailles on peut planter contre icelles, des arbres fruictiers en espallier. Il est propre a estre fait dans vne ville, ou l'on ne peut s'estendre beaucoup.

Le 12. Dessein est encore vn parterre en Broderie, mais berlong, contenant enuiron 40. toises de large dans œuure, sur 45. de long. Sa fontaine au bout d'iceluy de 10. toises de diametre: Et au milieu du parterre vne octogonne de gazon, vn peu esleueë, pour y pouuoir mettre au centre d'icelle vne figure, comme aussi a tous les angles externes, & vne espace de gazon dans le milieu de la platte-bande, ainsi qu'il est descrit sur nostre dit dessein.

Le 13. est encor vn Dessein berlong, mais different du precedent, a cause qu'il doit estre veü sur son costé plus large: Il contient 50. toises en face, sur 40. de fond. Sa fontaine 7 ½. de diametre; Les plattes-bandes 6. pieds garnies de toute sorte de fleurs basses, & le grand traict, ou massif de gazon.

Le 14. est vn autre Dessein berlong, contenant 45. toises de long, sur 33. de large dans œuure, au milieu duquel on peut faire vne octogonne, ou cercle de gazon pour poser au centre d'iceluy vne figure, comme aussi aux quatre angles capitaux. Les Plattes-bandes, & grands traits sont de 6. pieds de large, auec vn filet de gazon au milieu. Ce present parterre se peut faire en telle veuë que l'on voudra, sçauoir sur sa longueur, ou largeur.

Le 15. est pareillement vn Dessein berlong en broderie, mais sans alleës trauersantes. Il est de 30. toises dans œuures de large, sur 40. de long: Les plattes-bandes de 6. pieds, comme aussi le grand trait, ou massif; & dans le milieu vne petite espace de gazon.

Le 16. est aussi vn parterre oblong en Broderie, sans estre coupé par alleës trauersantes, lequel contient 40. toises de long, y comprises les alleës du pourtour

pourtour, sur 33 de large, au milieu duquel on y peut faire vne fontaine, & poser aux quatre angles externes des figures sur leur piedestaux : La platte-bande est de 6. pieds de large, auec vne espace de gazon au milieu. Ce Dessein se peut construire en veuë de large, ou de long, toutesfois il sera plus aggreable d'estre veu sur son plus grand costé.

Le 17. est vne espece de frize, laquelle on peut continuer si longue que l'on voudra : elle est de douze toises de large, partie broderie ; & compartiments de gazon, & fleurs.

Le 18. & 19. sont deux petits parterres en Broderie, auec leurs plattes-bandes gazonneës. On peut mettre au plus grand vne petite statuë en face, Il est de 6. toises de large sur enuiron 9½ de long. Le plus petit contient 10. de face sur enuiron 4½ de profondeur.

Voila quant a nos desseins & parterres en Broderie, il nous reste seulement a donner quelque intelligence aux moins vsitez en iceux, pour leur execution sur terre. Ce qui se fait par le moyen de plusieurs Lignes droites tireës tant sur le papier que sur terre, proportionellement, & s'entre coupantes l'vne l'autre, pour faire mailles, ou quarréz espacez de 6. pieds en 6. pieds aux petits, & moyens desseins, mais de 9. en 9. aux plus grands, pour esviter confusion, & remarquant l'endroit ou chasque fueillage coupe les dites mailles, ou Lignes, il en faut rapporter la mesure exacte sur terre, ainsi on pourra facilement venir a la construction des dits parterres.

Les compartimens de gazon & fleurs font vn tres bel effect estans veus, & regardez vn peu de loin, & aussi entretenus curieusement ; car si le gazon n'est fauché souuent, l'herbe se gaste, & n'est plus agreable a l'œil : c'est pourquoy il la faut faucher pour le moins toutes les sepmaines, & la battre, ou bien rouler souuent auec des rouleaux de bois & de pierre, comme on fait en Angleterre les plattes bandes, & boulois de gazon qui sont dans les iardins. Ce faisant ils seront fort aggreables, ausquels les fleurs basses seront aussi meslees par ordre, & ainsi qu'il est marqué sur nos dits Desseins. Il est a noter qu'il faut choisir vne espece de gazon, ou il n'y ait aucunes mauuaises herbes, ni racines entremeslees, ains vne vraye herbe que le mouton paist ordinairement : On peut aussi entremesler de plusieurs sortes de verds outre le gazon, comme petits œillets, statice camomille & autres telles plantes baces les-quelles donneront par leurs differents verds, vne decoration tres agreable.

Ce que dessus estant obserué, nous parlerons distinctement de chasque dessein en particulier, dont le 1. est de 60. toises dans œuures en
quarré

quarré: Les alleés trauerſantes d' angle en angles, auec ſa fontaine au milieu de 8. toiſes de diametre; & 4. autres fontaines moindres aux quatre triangles; Le tout ainſi qu'il eſt deſcrit en noſtre deſſein, lequel eſt mis au commencement de nos parterres en Broderie, fol. 4. comme eſtant deſtiné pour ſeruir a noſtre grand plan general.

Le 2: Compartiment de gazon fol. 19. contient 40. toiſes en quarré dans œuures. Sa fontaine 7½ de diametre, & les 24. ſtatuës poſeës ſur leur piedeſtaux, & placeës par ordre éz lieux, ou ils ſont deſcrits ſur le dit deſſein, auec le filet de gazon, au milieu des ſentiers d'iceluy.

Le 3. fol. 20. eſt oblong, contenant 60. toiſes de large ſur 37. de profondeur, le tout dans œuures. La fontaine en octogonne de 7. toiſes en diametre, & les alleés de 4. de large: Les ſtatuës, & filets de gazon poſez ainſi qu'ils ſont marquez ſur le dit deſſein.

Le 4. fol. 21. eſt encore oblong eſtant de 38. toiſes de long ſur 30. de large; les alleés de 4. toiſes de large, & la fontaine de 6. de diametre. Les ſtatuës, & filets de gazon, placez ainſi qu'on peut remarquer ſur le dit deſſein.

Le 5. fol. 22. eſt vn Compartiment de gazon, ſans alleés trauerſantes, contenant enuiron 28. toiſes en quarré, y compriſes les alleés du pourtour, leſquelles ſont de 3. toiſes de large; la fontaine de 4. dans œuures, le tout accompaigné de ſtatuës, & orné d'vne platte bande de gazon, auec vne demye oualle au bout, & quelque terrace ſur le deuant, comme il ſe voit au dit deſſein.

Le 6. fol. 23. eſt vn Compartiment de gazon oblong, auſſi ſans alleés trauerſantes, lequel contient enuiron 29. toiſes de face ſur 22.½ de profondeur: Le tout dans œuures accompaigné, & orné de ſtatuës, & bandes de gazon, ainſi qu'il eſt marqué ſur iceluy deſſein.

Le 7. & dernier Compartiment de gazon fol. 24. eſt auſſi oblong, & ſans alleés trauerſantes, contenant 40. toiſes de large ſur 26. de profondeur: Les ſtatuës, & bandes de gazon en leur lieux par Symmetrie, ainſi qu'il eſt marqué au dit deſſein.

Maintenant ſuit les boſquets, leſquels eſtans practiquez dans le iardin de plaiſir comme il appartient, y font vn fort bel eſtect, les traits qui forment le deſſein doiuent eſtre plantéz de Charme, Liguſtrom, Philirias, ou autres arbres propres a faire palliſſades; & le dedans doit eſtre de toutes

tes sortes d'arbrisseaux, pour former des boccages, lesquels attireront naturellement toute sorte d'oyseaux sans contrainte, & par ce moyen on aura vne voliere naturelle, qui sera beaucoup plus aggreable que l'artificielle, les oyseaux y ayans pleine liberté. Le 1. d'iceux bosquets fol. 25. contient enuiron. 44½. toises en quarré ; sa fontaine. 7. de diametre, & les allees. 3. dont celles, a l'extremité desquelles sont les quatre salles, peuuent estre formeés en berceau, que l'on fera de charpente, comme aussi les 4. dites salles, en forme de pauillons, auec les statues en leur lieux plus propres, ainsi que le tout est descrit sur le dessein.

Le 2. bosquet, fol. 6. contient. 40. toises en quarré, les allees. 2. auec vne platte bande de gazon au milieu d'icelles, comme aussi dans les salles ou cabinets, lesquels sont bordez d'vn espace de trois pieds de large, pour mettre des fleurs, ainsi qu'il est representé au dit dessein.

Le 3. fol. 27. est oblong d'enuiron. 36. toises de large sur. 26. de profondeur ; sa fontaine aussi oblongue : les plattes bandes de gazon, & fleurs, comme il est descrit sur le dessein.

Le 4. & dernier bosquet fol. 28. est aussi oblong, contenant enuiron. 37½ de large sur. 27½ de profondeur : les cabinets se communiquans l'vn a l'autre ; & les statues, & arbres posez par ordre, & correspondance, ainsi qu'il se peut voir sur le dit dessein.

Nous finirons nos desseins par les Dedalles, ou Labyrinthes, dont les pallissades doiuent estre plantés a double rang, afin de les rendre plus fortes, & espaisses, en telle maniere que l'on ne puisse passer au trauers. Le 1. fol. 29. est en forme octogonalle, contenant. 36. toises dans œuures en quarré, les allees 2. de large ou enuiron.

Le 2. Labyrinthe fol. 30. est oblong, & contient. 36. toises de large sur. 44. de long. Celuy cy est du tout hors de Symmetrie, neantmoins il fera vn tres bel effect sur terre ; & il est a noter que le plus d'espace qu'on leur pourra donner est le meilleur. C'est pourquoy il est expedient de choisir quelque lieu hors du iardin, pour la construction d'iceux, ou l'on puisse auoir de l'estendue comme de. 60. ou. 80. toises en quarré.

Nous auons encor a remarquer que les allées estants bien sablees & entretequés comme il appartient font vn tres bel Ornement dans le iardin de plaisir, & les parterres estant pareillement coulourez de differents sables paroissent beaucoup plus agreables a l'œil ; Mais le sable des parterres doit
estre

eſtre fin, & ſans pierres pour le pouuoir mettre proprement dans la broderié & par touts les masſifs ou ſentiers tant d'iceux parterres en broderie que compartiments de gazon, & celuy des alleës doit eſtre pierreux & grauelleux, Comme auſſi argilleux, afin qu'eſtant mis vn bon pied d'eſpais, il face corps & s'endurciſſe, tellement qu'aucune herbe n'y puiſſe croiſtre. Il eſt beſoin pour bien faire, & entretenir les dictes alleës d'auoir vn Rouleau de pierre dure lequel ſoit enuiron de trois pieds de long & vn pied de diametre, auec vn manche faict a la propice, pour le pouuoir rouler facilement par toute la ſuperficié des dictes alleës, pour les vnir & affermir: On ſe ſert du meſme Rouleau comme nous auons dict cy deuant pour le gazon apres y auoir paſſé premierement vn Rouleau de bois pour oſter les crottes des vers de deſſus iceluy gazon, c'eſt la façon & maniere que l'on tient en Angleterre pour la conſtruction des alleës & gazonnage, laquelle donne vne tresbelle decoration dans les iardins.

J'eſpere m'eſtre rendu aſſez intelligible pour la conſtruction de tous plans generaux, parterres, bosquets & autres deſſeins, qui peuuent former le iardin de plaiſir, ce que i'ay fait, afin que les moins vſitéz au iardinage, puiſſent tirer quelque vtilité & plaiſir en la decoration des iardins, le tout ſelon la meſure & cognoiſſance qu'il a pleu a Dieu me departir. Je prie doncques tous amateurs & curieux en iardinage, de prendre a bonne part ce mien petit ouurage lequel i'ay produit pour le ſeruice de ma ſer.me Reine & vtilité du public.

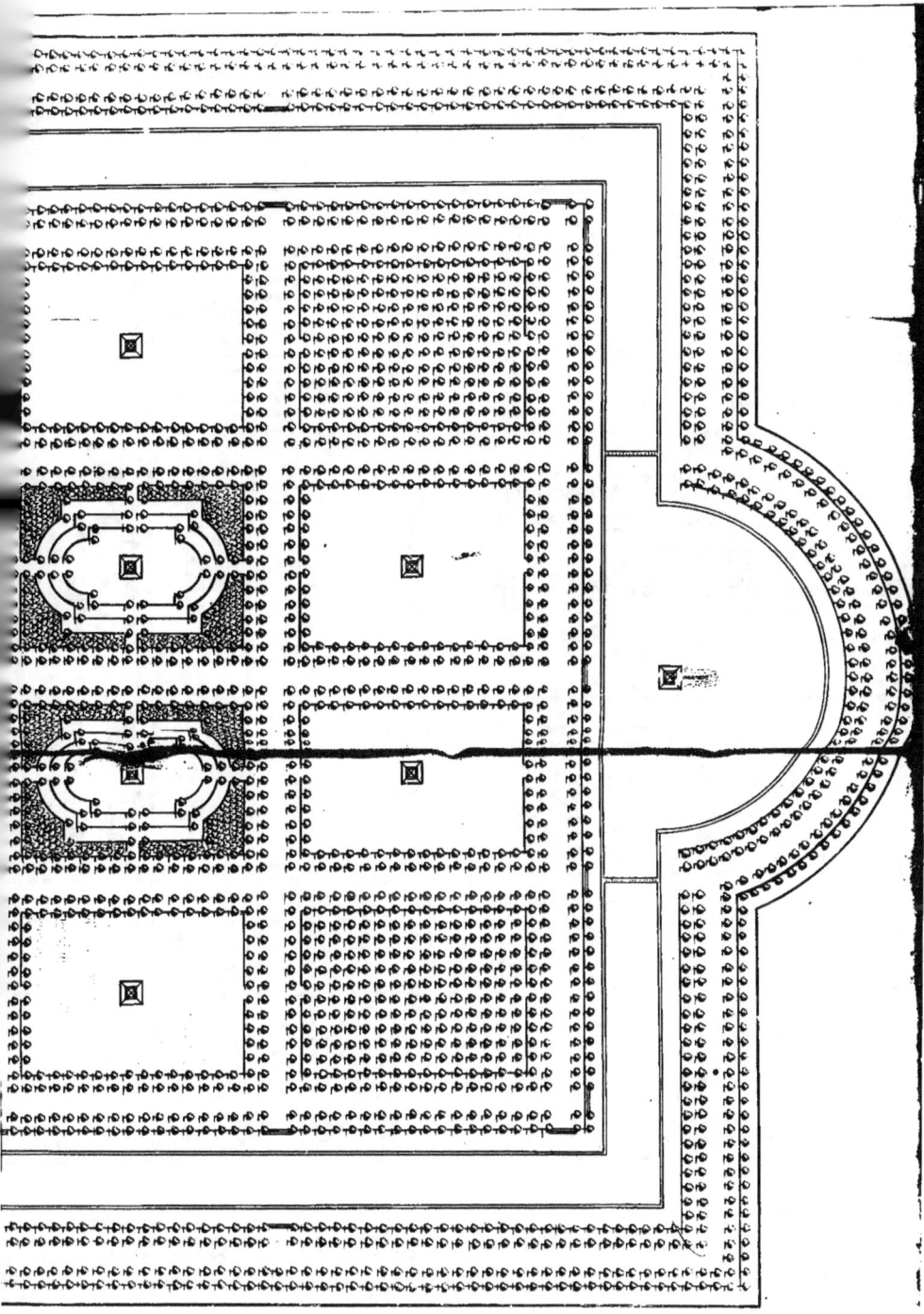

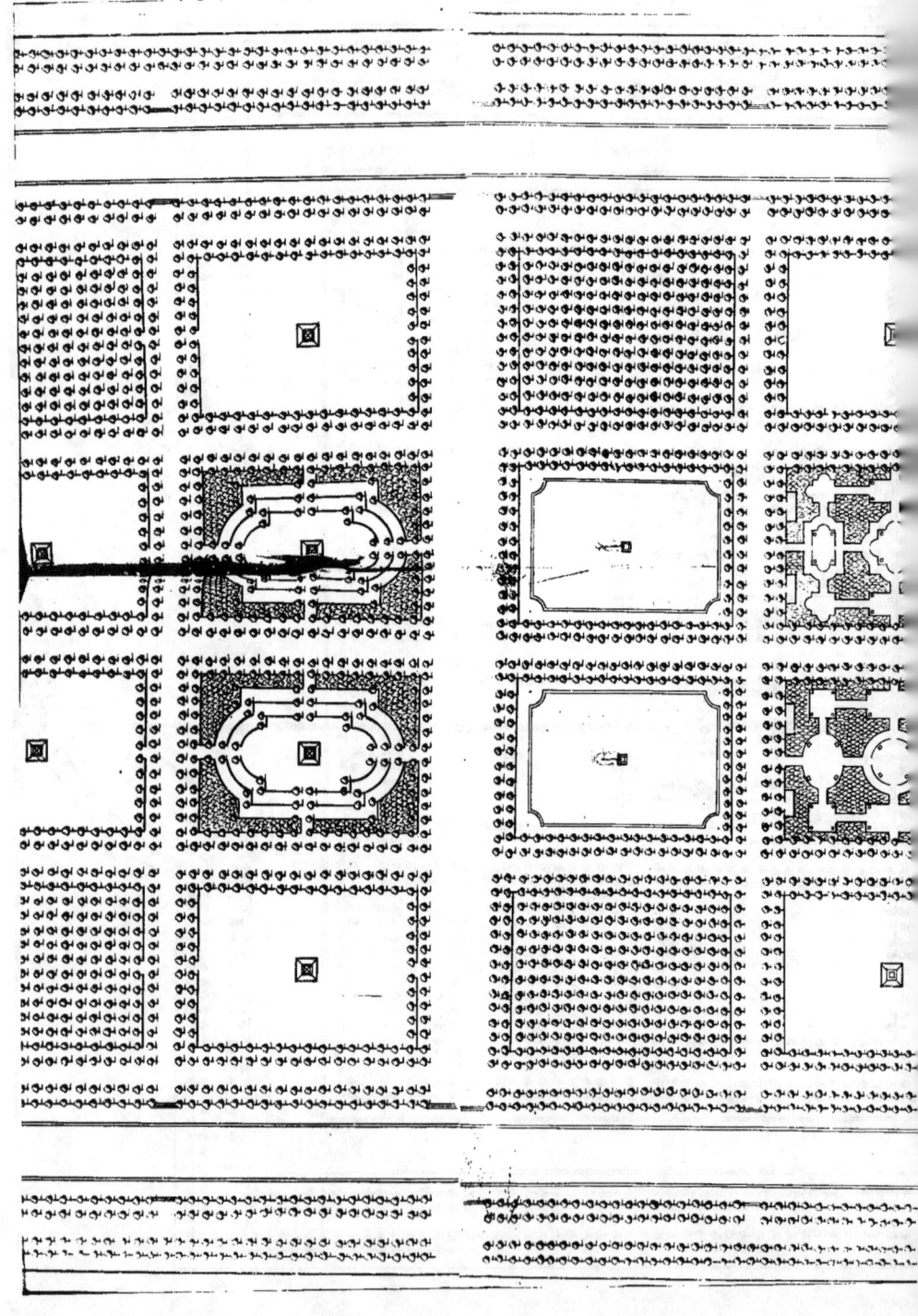

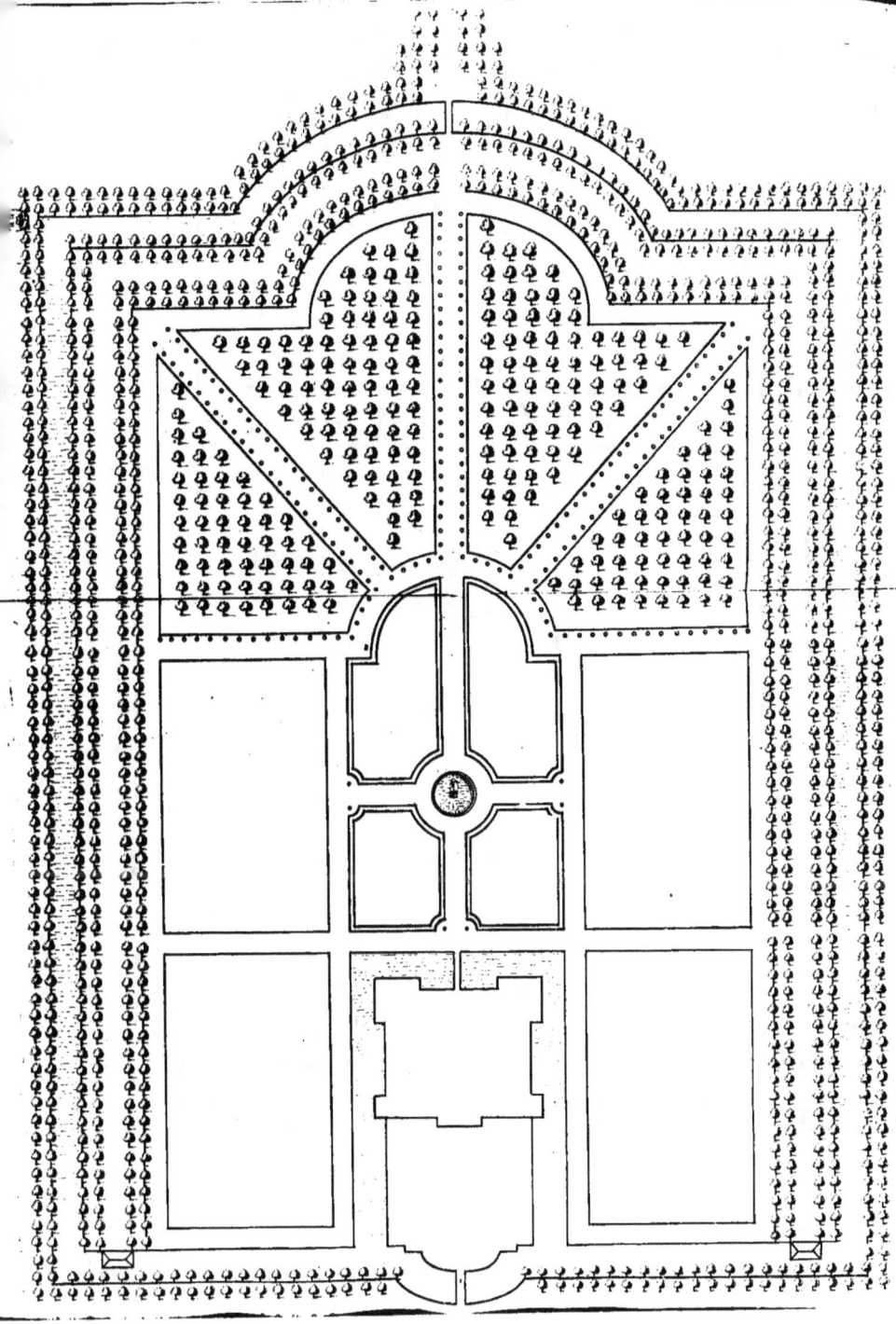

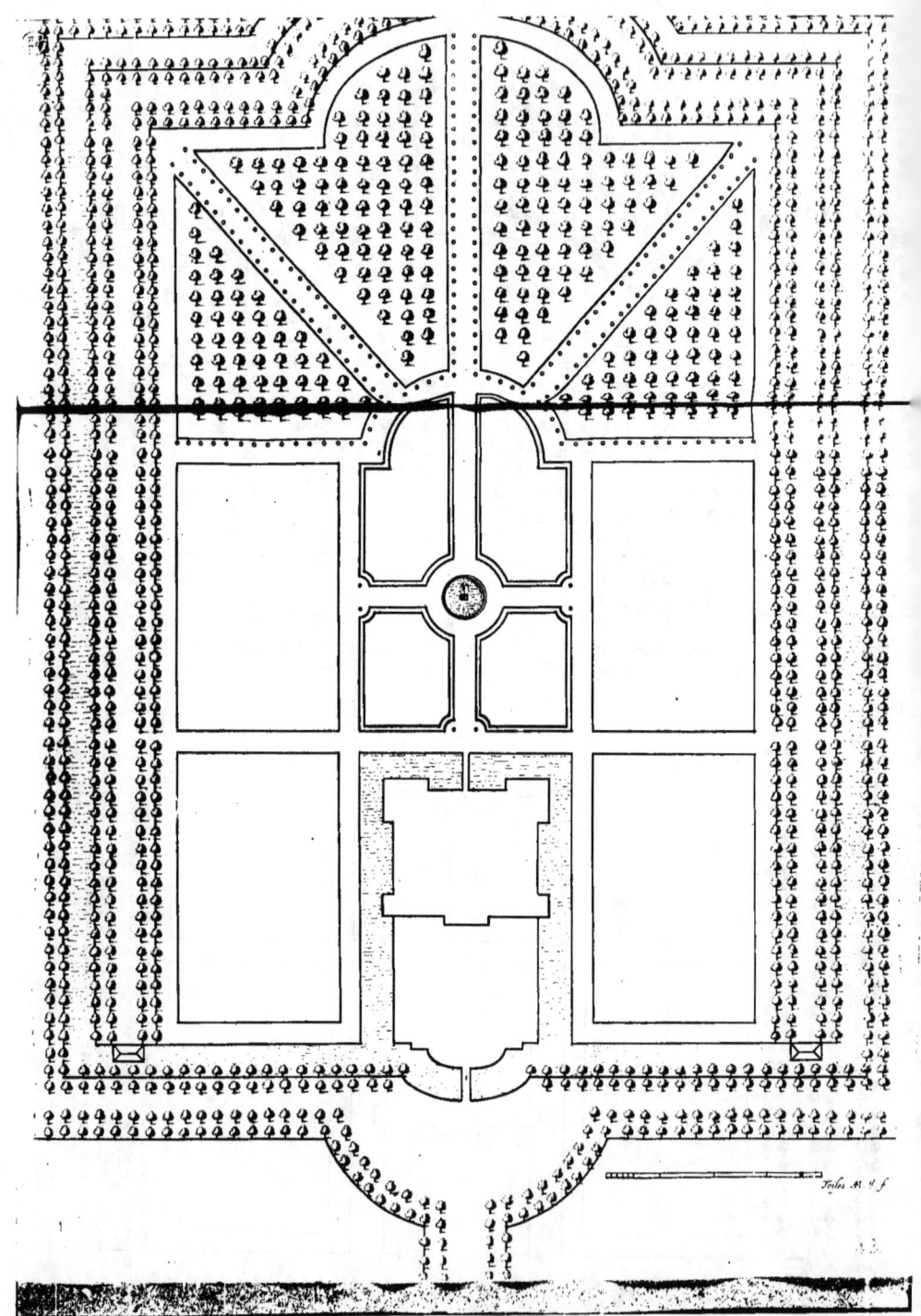

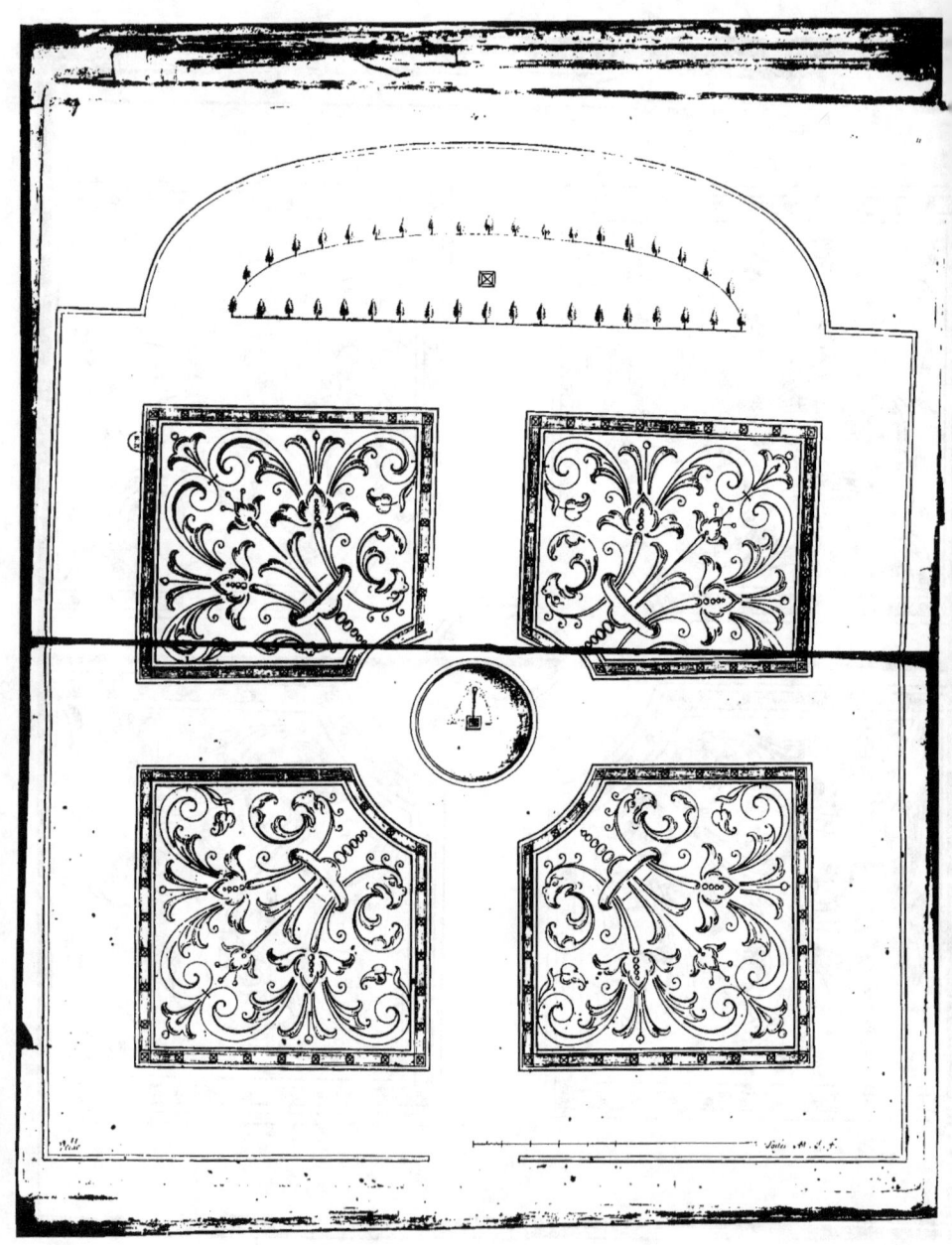

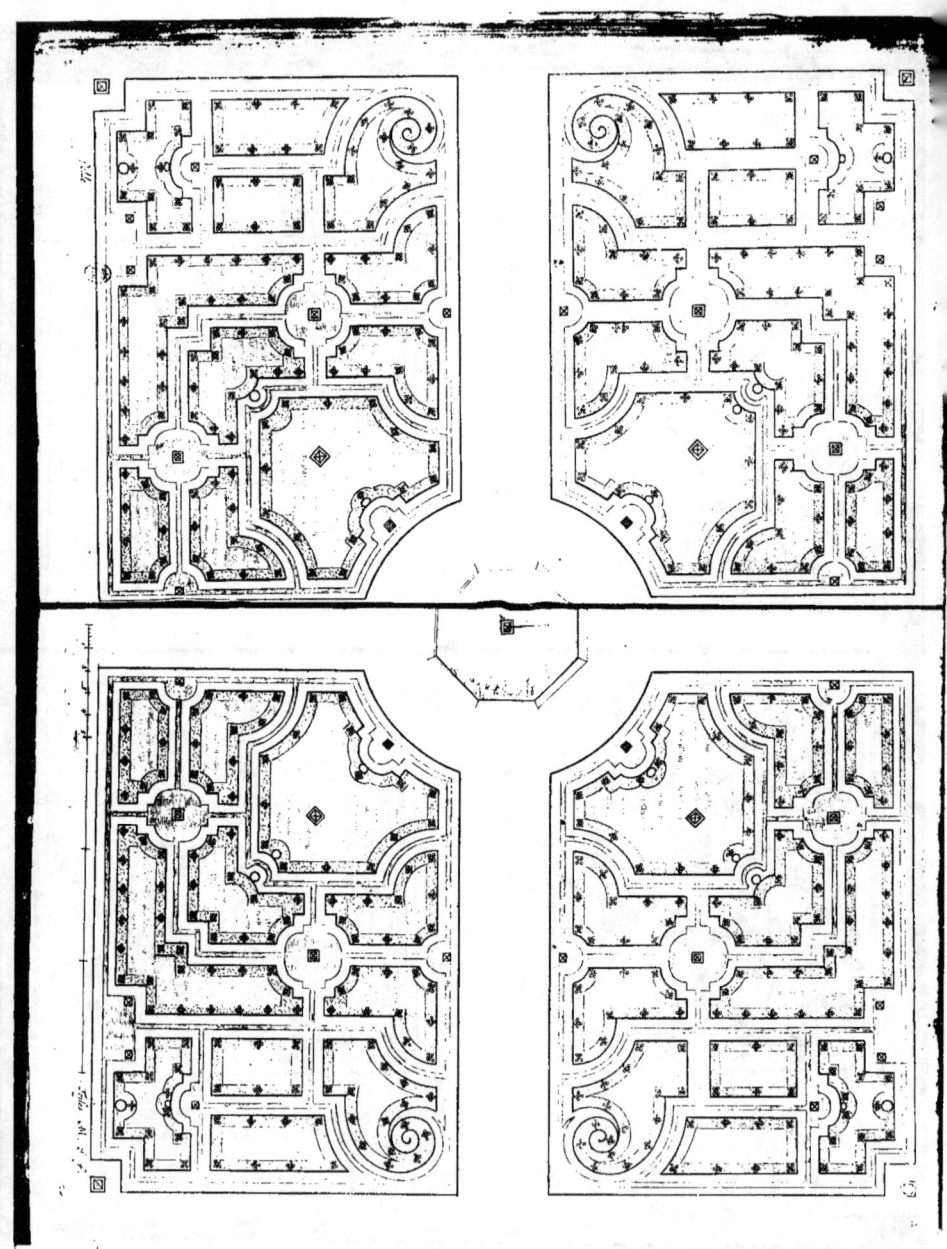

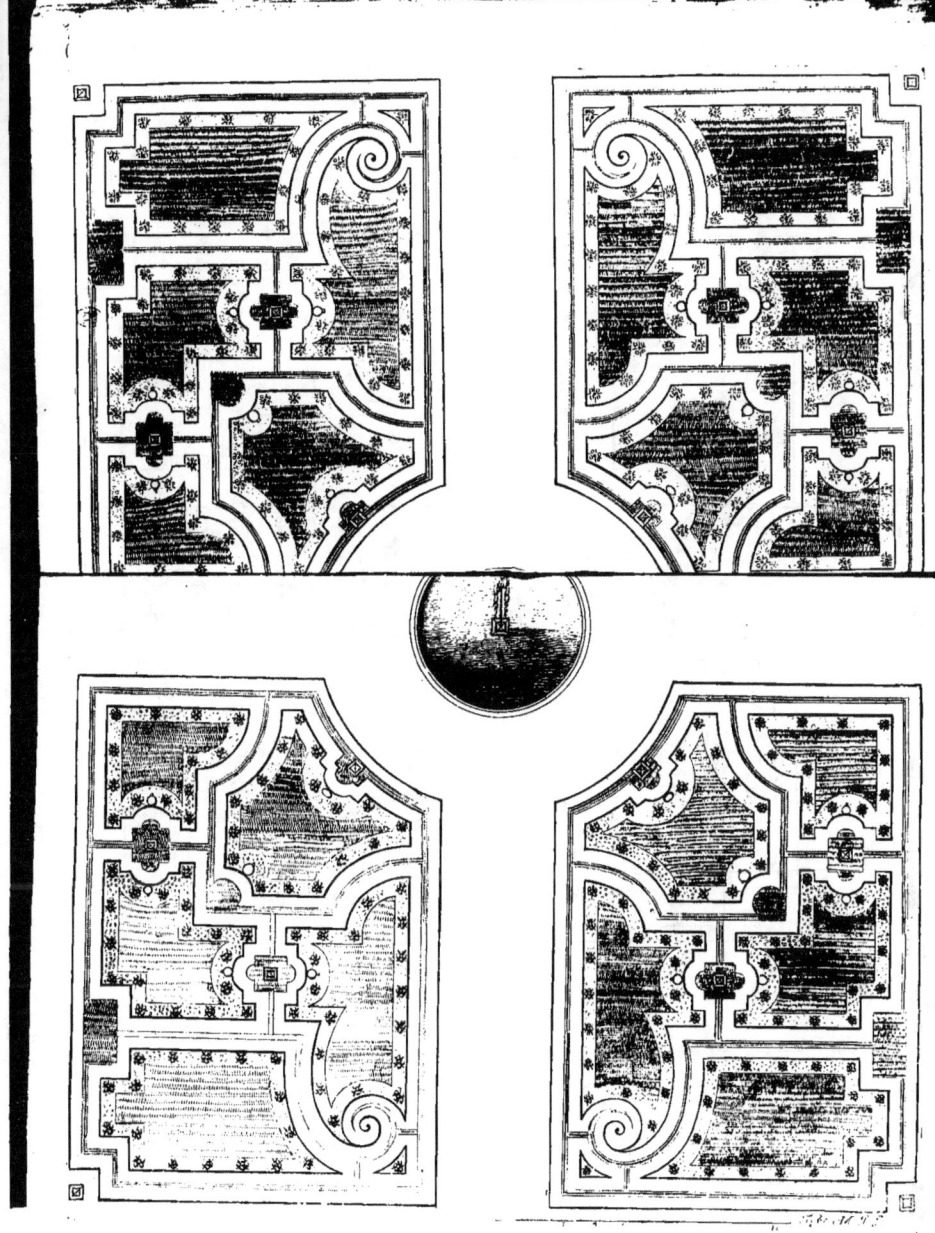

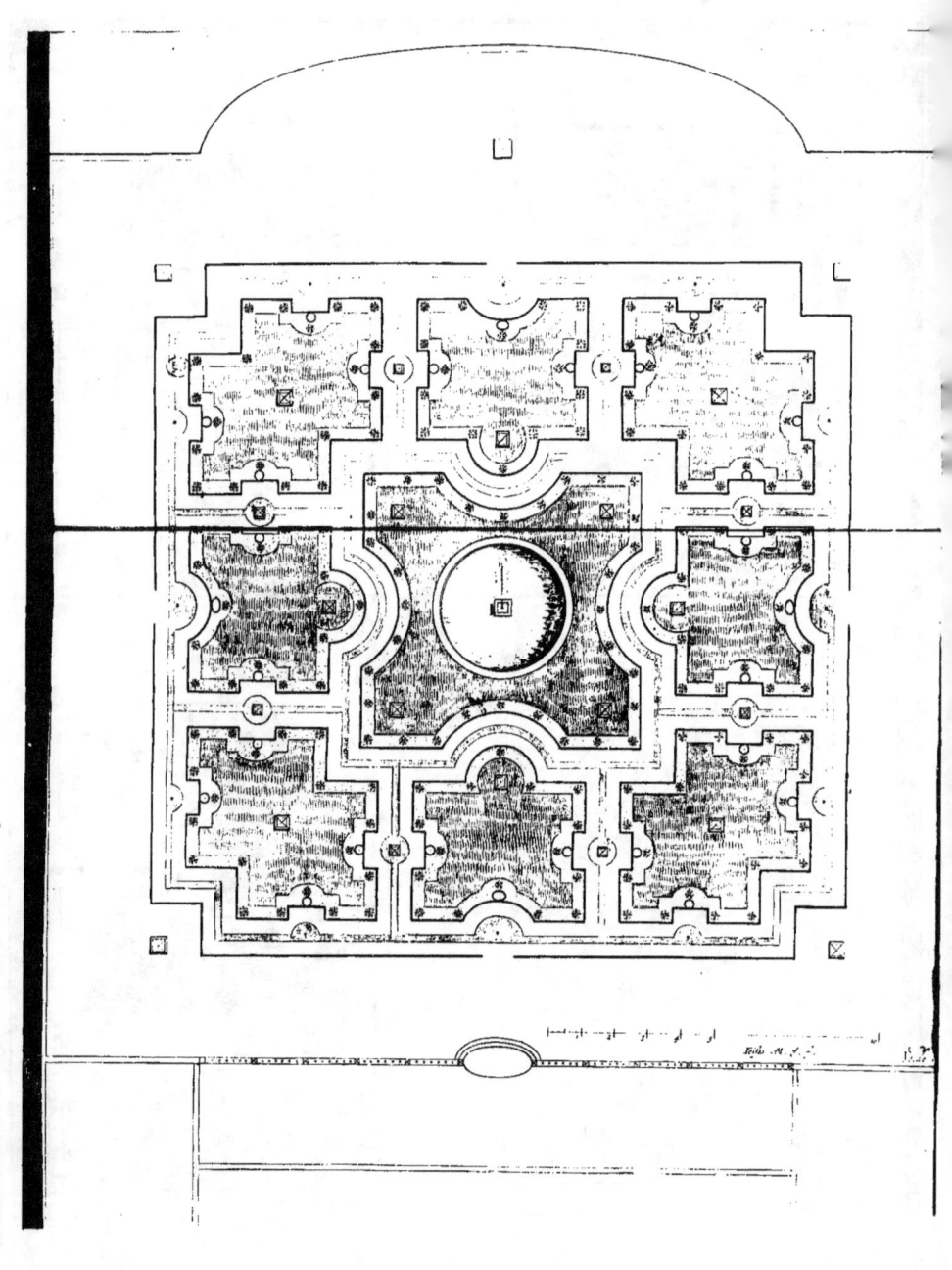

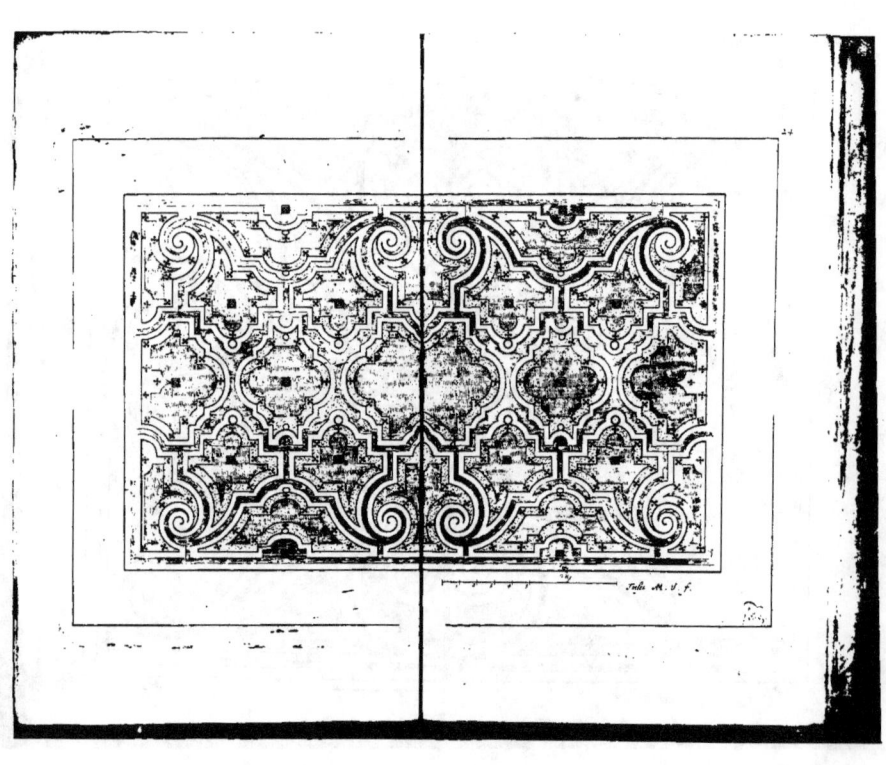

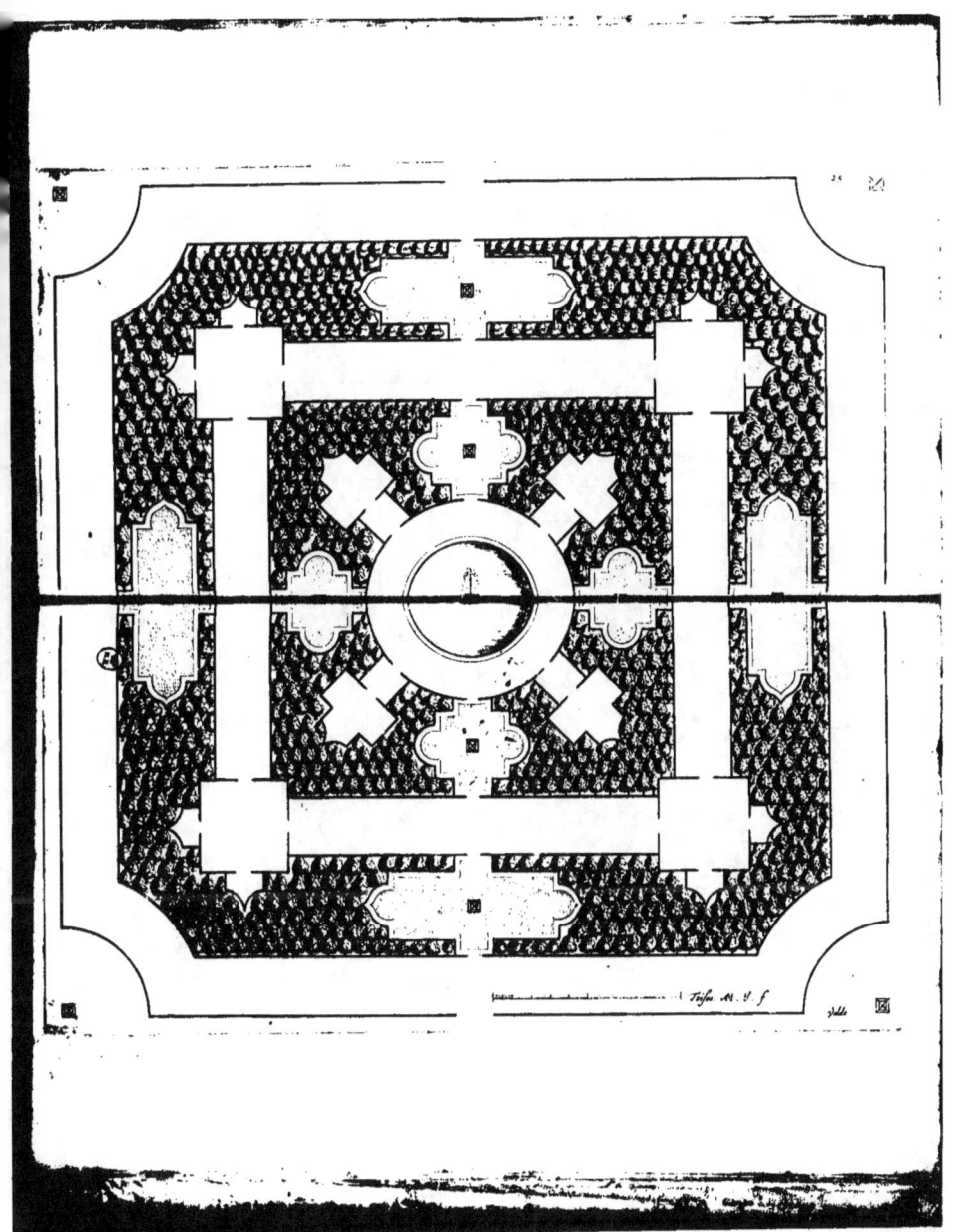

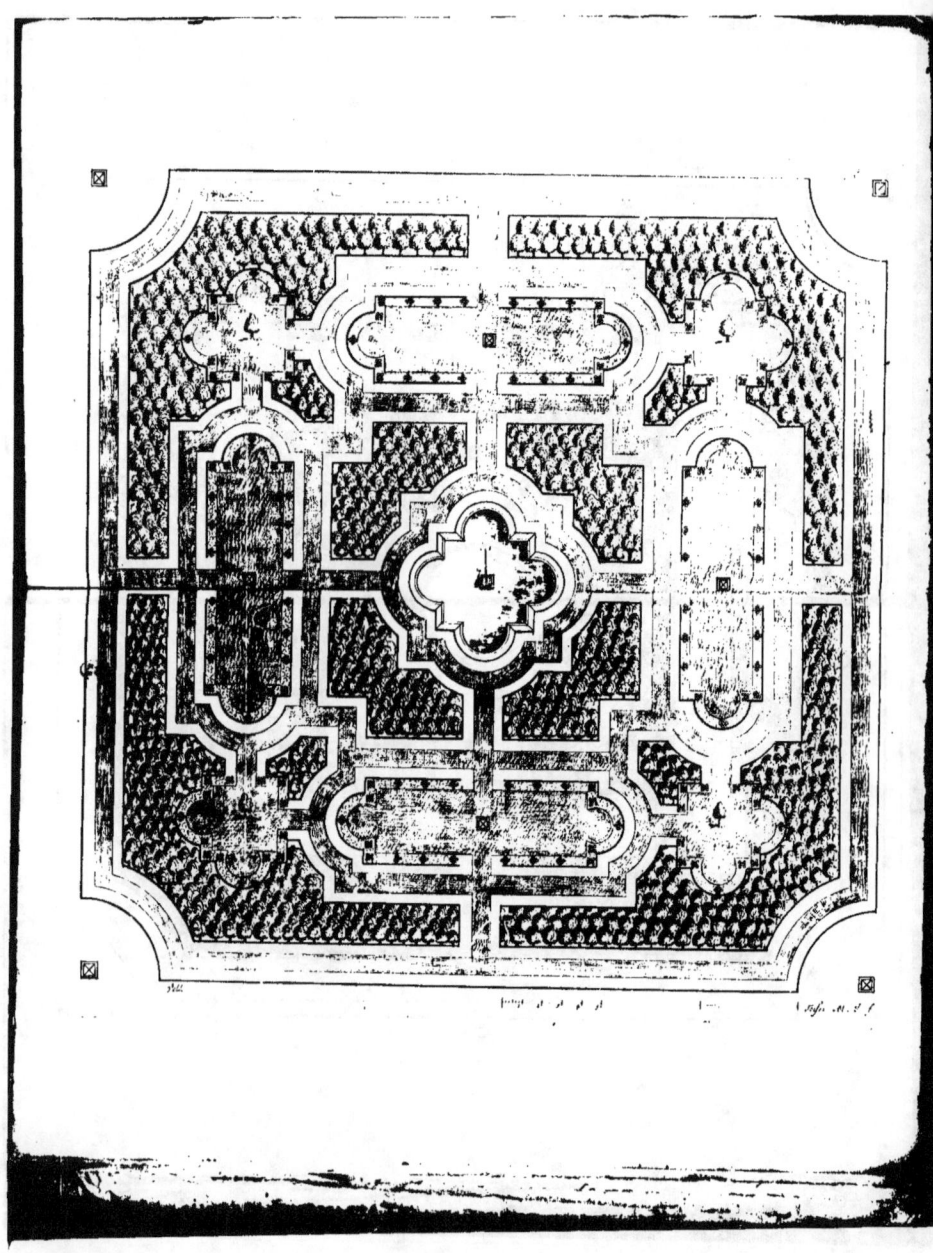

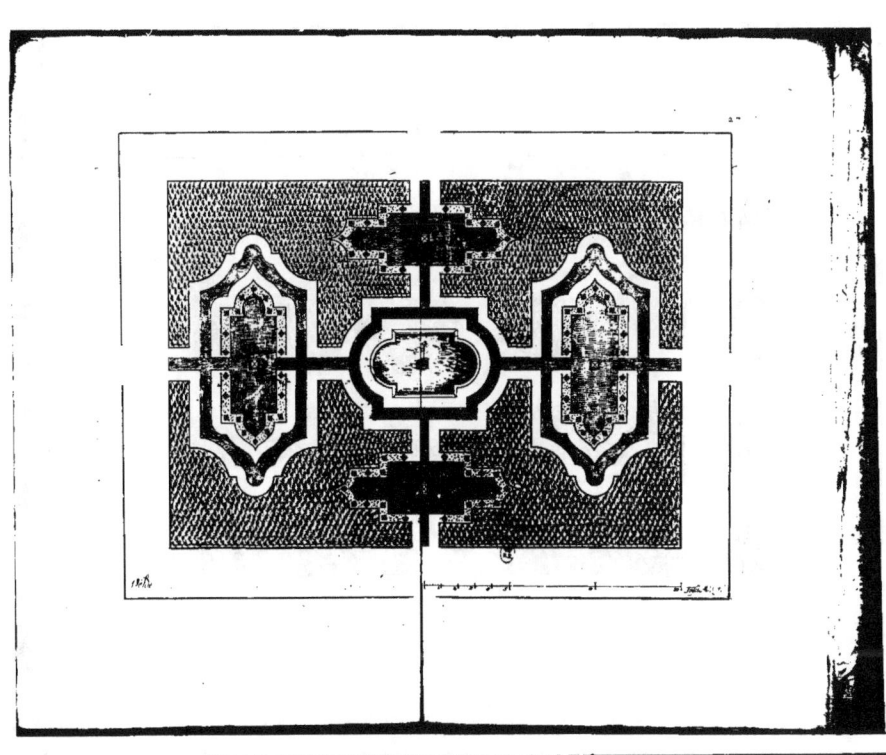

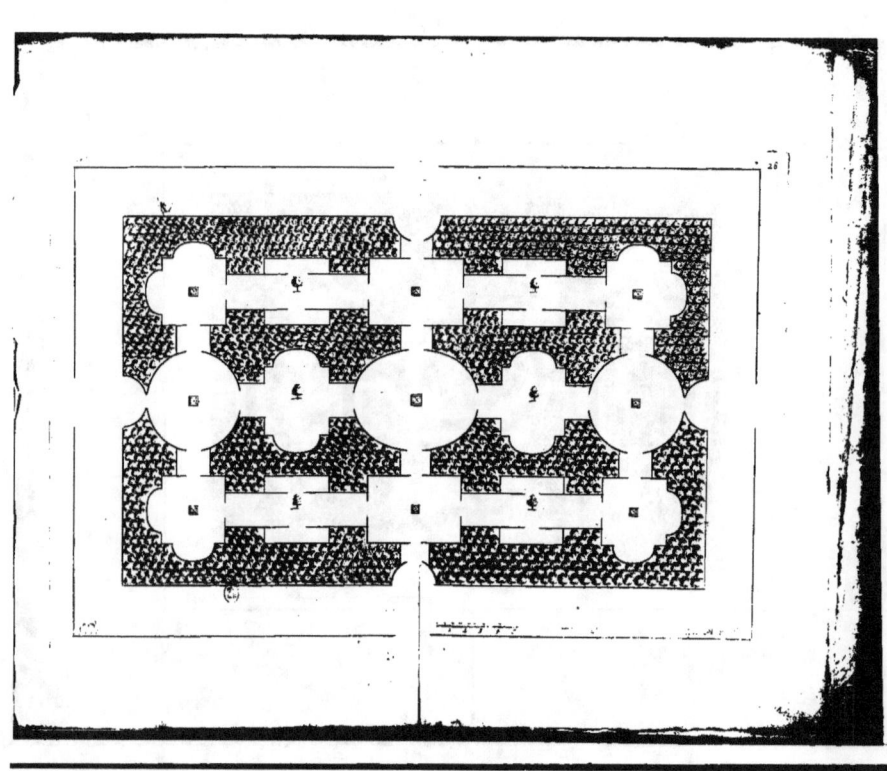

www.ingramcontent.com/pod-product-compliance
Lightning Source LLC
LaVergne TN
LVHW050554090426
835512LV00008B/1156